正確な決算を
早くラクに実現する
経理の技30

1,000社以上を見てきた
ビジネスプロセスアウトソーシング
経理BPO会社
が教える

CSアカウンティング
中尾 篤史 著

税務経理協会

はじめに

　少子高齢化の進行。それに伴う労働者人口の減少。日本の人口構成は変化し、就労環境もひと昔前と比べるとかなり変わってきています。高水準の有効求人倍率が常態化し、企業は若者の採用に苦心しています。経営者の本音としては、貴重な人材を、営業部門や開発部門など本業に近い部署の補強にまわしたいところ。そうすると、経理部門には若い人材がなかなかまわってきません。団塊の世代の退職が続く時期に入っていく今、特に中小企業においては、経理部門の次世代への伝承が行われていないケースが増えています。

　また、会計・税務の分野は、毎年何らかの改正等が行われ、複雑怪奇なものになる一方です。経理部門の社員は、最新の動向についていかなければなりません。経理部門に所属する以上は、より高い専門性が求められます。

　このように、経理部門を取り巻く環境が、人材の確保や内容の複雑化といった複数の事象が絡みあって厳しさを増していることを、常日頃現場で感じています。

　ただ、その一方で、このような環境においても、「正確な数字が早く欲しい」という経営者からのニーズは増しているのも事実です。このような期待に応えることも経理部門の所属する人材の使命でもあるのです。

　本書は、限られた時間と陣容の中で、どのようにしたら経理部門の業務負担を軽くしながら正しい数値を出せるのかという視点で書かせていただきました。具体的には、実際に経理の現場で起きている事象や改善をはかった対策を30のファイルとしてまとめてみました。

　さらに、次のような内容で区分することで、具体的なアクションプランが描きやすいようにしました。

Chapter 1　導入編
　「どのような視点で標準化をはかればいいのか」といった本質的な考え方

Chapter 2　スタートアップ編
　　標準化を安定稼働させるために、スタート時に準備しておいた方が良いこと
Chapter 3　アナログ対応編
　　システムに頼る以前に実施すべきこと
Chapter 4　システム対応編
　　標準化の肝となるシステムの有効活用事例
Chapter 5　応用工夫編
　　ちょっとしたヒントが劇的な標準化につながる、実務上登場する技の数々

　ひとつでも多くのことが経理の現場を切り盛りする方々のヒントになればと思っております。
　経理部門の仕組み作りが日本経済活性化の手段のひとつになるかもしれません。そのためにお役に立てれば幸いです。

2015 年 12 月

　　　　　　　　　　　　　　　　　　　　　　CS アカウンティング株式会社
　　　　　　　　　　　　　　　　　　　　　　　　　　　　中尾　篤史

[目　次]

Chapter 1　導入編

file.01　経理業務の標準化を始めてみる　3
外堀からも内堀からも改革が必要な時代　ほか

file.02　業務分析リストで弱点をあぶり出す　9
理想と現実のギャップを認識する　ほか

file.03　Excelを使わない仕組み　13
できる社員はExcelを使わない　ほか

Chapter 2　スタートアップ編

file.04　支出申請書に入手すべき情報を網羅する　19
部署ごとに書式が違う　ほか

file.05　日時単位でスケジュールを管理　24
日単位のスケジュールで「見える化」　ほか

file.06　整理整頓のススメ　27
整理整頓ができる会社は強い　ほか

file.07　同一システム、同一業務フロー　32
会社ごとにシステムが違ったらどうなるか　ほか

file.08　マニュアルを作成する　36
たかがマニュアル、されどマニュアル　ほか

file.09　データを流し込めば手作業は極小化される　40
システムを導入しても手入力が多ければマイナス　ほか

Chapter 3　アナログ対応編

file.10　小口現金をなくしてしまう　45
小口現金のためにこんなに時間がかかっている　ほか

file.11　概算計上は使える　49
請求書を待つという時間のロス　ほか

file.12　月次の作業を省力化するには　54
発生主義からの脱却　ほか

file.13　インストラクションと教育を充実させよう　57
経理では情報共有はいらない？　ほか

file.14　仕訳のパターン登録で入力時間が減らせる　60
定型パターンの登録で時間の圧縮を　ほか

Chapter 4　システム対応編

file.15　経費精算はシステムで処理をする　65
遠すぎる経費精算の道のり　ほか

file.16　部門別損益計算は会計システムを使えば簡単　69
丼勘定の会社から、部門ごとの儲けを確認する会社へ　ほか

file.17　プロジェクト別の損益を出してマトリクス経営の実現を　74
サービス業でもプロジェクト損益管理が必要な時代です　ほか

file.18　販売管理システムを使い倒す　78
Excelで請求書を発行していませんか？　ほか

file.19　購買管理システムを使い倒す　82
業務完了までに何回入力するか　ほか

file.20　銀行に行く時間をなくす　85
銀行の窓口で待つことの無駄　ほか

*file.*21　ワークフローシステムの導入でペーパーレスが実現　*88*
　　稟議書の説明にかかるコストは低減できる　ほか

*file.*22　請求書の作成もペーパーレスで　*91*
　　ペーパーレスがもたらす効用　ほか

*file.*23　クラウド会計でスピード感が増す　*94*
　　同期していないデータを使うと結構大変　ほか

Chapter 5　**応用工夫編**

*file.*24　勘定科目のマスタ設定はこんなに使える　*101*
　　マスタ設定をする意味　ほか

*file.*25　固定資産の二重管理を効率化する　*105*
　　固定資産台帳の二重管理の攻略法　ほか

*file.*26　法人税の申告書へ転記できるように帳簿を作る　*109*
　　税理士さんに丸投げすることで効率化の枠外になっていないか　ほか

*file.*27　交際費は区分しておかないと大変なことに　*113*
　　交際費は内容ごとに損金になるものとならないものがある　ほか

*file.*28　外形標準課税は帳簿上で完成させる　*116*
　　別々の部門でとりまとめると弊害が生じる　ほか

*file.*29　消費税の複数税率への対応をする　*120*
　　税率の多さが、経理を複雑化させる　ほか

*file.*30　アウトソーシングするという視点　*124*
　　どうやって実践するのか　ほか

Chapter 1
導入編

file. 01
経理業務の標準化を始めてみる

標準化のコツ

人手不足の時代の企業戦略上、経理の標準化が重要

経理業務を「コア」「ノンコア」「定型」「非定型」に区分

✓ 外堀からも内堀からも改革が必要な時代

　業務の効率化が叫ばれて久しいですが、経理業務もその例外ではありません。今、多くの企業で経理業務の標準化が課題として挙がっています。
　本書では、次のような仕組みを作ることを経理業務の「標準化」と呼んでいます。

・属人化をせずに、誰でもできる仕組み
・業務の流れや、書類の形式が統一された仕組み
・必要なことは実践し、無駄は排除したスムーズな仕組み

　それでは、なぜ経理業務の標準化が課題となっているのでしょうか。
　まず、企業のおかれた次のような環境が影響しています。

・少子高齢化による労働力人口の減少に伴い、採用が容易でなくなるとともに、経理部門の人材を確保することが難しくなってきている
・事業の生き残りを賭けて、限られた人材をコア事業に振り向けたいと考える

経営者が多く、経理部門に人を厚く配置することが難しくなっている

さらに、企業内部の次のような事情も標準化が渇望される大きな要因になっています。

・経理業務を昔から特定の人にしか頼んでおらず、中身がブラックボックス化して、他の誰も中身が分からない
・決算を早期化したいが、なかなか実現できない
・事業承継の時期を迎え、若い経営者は新しい取組みを実行したいが、経理のメンバーが思うように動いてくれない

景気が良く、人の採用も余裕をもって進められ、経理部門に潤沢にコストをかけられる時代は、経理部門の標準化をはかろうなどということが社内で話題に出ることはありませんでした。

ただ、時代が移り変わり労働者人口が減る中で、内需だけでは経済を維持できず、国際的な競争の中で戦う必要がある現代においては、経理部門も変革をはからなければならないのです。

経理部門の変革が迫られている

外部要因
・少子高齢化による労働力人口の減少
・採用の困難化
・事業発展のため、コア事業に人を当てたい経営者の思い

内部要因
・経理のブラックボックス化
・決算早期化ができない体制
・事業承継による世代交代への対応

標準化

✔ コア事業とノンコア事業の区分から始めてみる

　経理業務の標準化を考えるにあたって、まず取り組むべきことは、経理業務の分類です。

　企業が戦略を練るときには、会社にとって重要で他社に任せることはしない業務と、それほど重要でなく他社に任せても良い業務に区分けします。前者を「コア業務」、後者を「ノンコア業務」といいます。そして、コア業務を強化することで企業の競争力向上をはかっていきます。

　この手法を経理の標準化のための戦略にも応用するのです。

　経理業務も同じように「コア業務」と「ノンコア業務」に分けることができます。例えば、経理業務の「コア業務」とは、予算や利益計画策定、管理会計制度の設計、投資戦略、ファイナンス戦略などが挙げられると思います。これらの業務は、競争力の源泉となる業務であり、経理部門のメンバーの資源を投入すべき業務といえます。

　では、「ノンコア業務」にはどのような業務があるでしょうか。

　伝票起票や決算書の作成といった業務は、一定の難易度はありますが、誰が行っても基本的に答えは変わらないものです。また、過去の結果をとりまとめるという意味で、将来を設計する業務よりも簡単であり、「ノンコア業務」といえます。

　また、請求書の発行や経費精算の処理といった業務も、日常的に生じる業務でどの会社でも同様な内容で生じるものであり、「ノンコア業務」といえるでしょう。

■まず、経理業務をコア・ノンコアに分けてみる

コア・ノンコア区分	定義	経理業務にあてはめると…
コア業務	競争力の源泉となる業務(いわゆる本業)	予算や利益計画策定などの管理会計 投資戦略、ファイナンス戦略
ノンコア業務	コア業務以外の企業活動に必要な業務	伝票起票から決算書作成までの財務会計 支払、請求書発行などの日常業務

次に、判断を伴う業務かどうかという視点で経理業務を分けてみましょう。

判断を伴わない業務は「定型業務」、逆に判断を伴う業務は「非定型業務」といえます。「定型業務」は、判断を伴わない業務なので、誰でもできるようにすることで標準化をはかることができるのです。

経理業務を、コアかノンコアかという切り口でまず区分し、その上で、定型か非定型かで区分して、マトリックスを組んでみます。

4つのマス目は、それぞれ次のように区分されます。

① 「定型業務」で「ノンコア業務」
② 「定型業務」で「コア業務」
③ 「非定型業務」で「ノンコア業務」
④ 「非定型業務」で「コア業務」

■次に、定型・非定型、コア・ノンコアの区分で経理業務を分解してみる

定型・非定型区分	ノンコア業務	コア業務
定型業務	請求書に基づく経費計上・支払業務など	部門別・プロジェクト別ＰＬの数字の集計・加工など
非定型業務	減損会計や引当金などの見積、税務申告書の作成など	部門別ＰＬに基づく、経営判断など

　４つに区分された領域のうち標準化が難しいのは、④の「非定型業務」で「コア業務」のものです。この領域は、例えば月次決算の結果として算出された店舗別の損益計算書の数値をもとに、お店を閉じるべきなのか、投資予算を割いてリニューアルをはかり回復を目指すべきか、といったような経営判断を行う業務です。そのため、ルールを決めてその通りに作業をする、といった業務の標準化になじまない業務が多くあります。

　それ以外の①、②、③の領域については、標準化が可能なので、この後に順次、お話をしていきます。

　なお、これらの標準化を行うにあたってシステムを利用するのも有用な手段のひとつです。一般的に①→②→③の順にシステム化の効果が出やすくなります。システムを使った標準化の実践例についても、このあと触れていきます。

■4区分の標準化やシステム化のしやすさ

業務の区分	標準化	システム化
定型 ＋ ノンコア	非常に向いている	非常に向いている
定型 ＋ コア	向いている	向いている
非定型 ＋ ノンコア	向いている	一部向いている
非定型 ＋ コア	難しい	一部向いている

Check it!

コア業務
本業であり、自社にとって重要な業務のことをいいます。企業が、企業の強みである能力、ノウハウに集中して競合他社を圧倒するように経営することをコア・コンピタンス経営といいます。

file. 02
業務分析リストで弱点をあぶり出す

標準化のコツ

自社の業務分析をしてみる

理想と現実のギャップからボトルネックを見つけ出す

✓ 理想と現実のギャップを認識する

　経理の標準化を進めるにあたっては、まず、自社の分析を行います。企業戦略の策定においても、PPM分析やSWOT分析といったフレームワークを使って自社分析をすることがありますが、経理部門の改革においても自社分析をすることの重要性は変わりません。

　自社分析を行う場合の流れは、次の通りです。

自社分析からスタートを切りましょう

Step 1：業務ごとの現状分析
Step 2：理想と現実のギャップ認識
Step 3：課題の抽出
Step 4：アクションプランの策定
Step 5：アクションプランの実行、検証

Step 1のフェーズでは、まず経理業務をできるだけ細分化します。そして、細分化した業務を「誰が」、「いつ」、「どのように」、「どれくらいの時間をかけて」、行っているのかを書き出します。

Step 2では、現状分析されたリストをもとに、本来であればどのように仕事を進めるのが理想なのかを書き出して、理想と現実を比較します。

次のStep 3のフェーズで、Step 2で書き出した理想と現実との乖離を見て、理想に近づけていない阻害要因を明らかにして、現状の課題を明確にしてい

■業務分析リストの作成例

	例1	例2	
業務カテゴリ	日次業務	日次業務	← 現状を把握する
業務プロセス	仮払処理	経費精算	
チェック項目	小口現金の管理や銀行窓口での手続きなどが、業務上の負担になっていないか。	支払申請書等に不明点があり、経理から申請者への問合せが恒常化している。	
現状	他の日常業務に加えて仮払業務も実施しているため、現金管理がおろそかになりがちである。	支払申請書は、立替経費の支払いのために運用されており、記帳に必要な追加的情報は、都度問合せにより解消している。	← 理想と現実のギャップを認識する
理想形	小口現金を廃止し日々の現金管理をなくす。出張等の仮払いをなくし、精算後の振込のみとする。	支払依頼書に、発生日付（経費の対象月）、金額、摘要、負担部門等の会計仕訳を作成するための情報が網羅されている。	
阻害要因	仮払制度自体が業務の負担になっている。	支払申請書のフォーマットに不備がある。	← 阻害要因をあぶり出す
アクションプラン	小口現金を廃止し日々の現金管理をなくす。出張等の仮払いをなくし、精算後の振込のみとする。	フォーマットに、記帳に必要な情報を記載するための項目を新設する。	← アクションプランを立てる

ます。

　明確になった課題をもとに Step 4 で具体的に実行すべきアクションプランを作成します。

　最後に、Step 5 として、実際にアクションプランを実行するとともに、検証していきます。うまくいけば継続しますし、うまくいかない場合は、更なる改良を加えます。

　一度にまとめて標準化ができるとは限りませんので、PDCA サイクルに乗せて、継続実施されるように仕組むことも重要です。

✓ ボトルネックを特定してアクションを起こす

　この作業で重要なのは、阻害要因を明確化することです。個人の能力が原因なのか、システムが原因なのか、業務のやり方がまずいからなのかなど、考えられる原因を的確に捉えないと、本質的な解決に向かわないかもしれません。

　例えば、単純に個人の能力が足りないから業務が回っていないとして分析を終わらせてしまうのではなく、そうであれば有効な研修制度を作るべきなのか、具体的に何を教える研修にしたらいいのかといったように深く、深く原因にあたっていく必要があります。

　また、理想と現実のギャップを認識したフェーズで、単純に理想を追い求めてしまっては、時間とお金があまりにもかかるということもありえます。

　このような場合は、まずは現実的な線でどこまで実行するのかを決めて、その実行プランを完了させます。その後に、より理想に近づけるようなプランを実行するべきかを再度検討するという風に順を追って階段を登った方がいいこともあります。

　初期段階で業務分析をして標準化を進めるメリットは、分析するだけであれば、コストはかからず（分析する時間はかかります）、手段がはっきりすることのほか、業務ごとに分析するので、全体をまとめて軌道修正しなくても、部

分的なところから実行することもできるという点も挙げられます。

　ただし、業務分析をすることだけが目的になってしまい、改善活動が実際に行われなければ何の意味もありませんので、最後のアクションプランの実行・検証のフェーズまで持っていくようにしましょう。

Check it!

SWOT分析
意思決定を下すにあたって、外部と内部の環境に関して強み（Strengths）、弱み（Weaknesses）、機会（Opportunities）、脅威（Threats）の4つのカテゴリーで要因分析するフレームワークです。

file. 03
Excel を使わない仕組み

標準化のコツ

Excel ファイルを極限まで減らす

会計システムでできることを Excel に任せない

✔ できる社員は Excel を使わない

　ビジネスシーンにおける表計算ソフトの王様といえば、Excel でしょう。これは本当に便利なソフトだと思います。Excel がない時代には、電卓をたたいて集計や数値分析をしていましたが、今更そのような時代には戻れないですね。経理の仕事においても、現場では Excel がふんだんに使われています。
　しかし、経理のシーンでは標準化のツールとは言い切れない面もあります。

　実は、時代と逆行するようですが、目指すべき姿は、「**Excel を使わないで経理業務をやりきる**」というスタイルです。

　Excel は加工がしやすくて便利なのですが、それは同時に、誰でも自由に加工をすることができるということでもあり、属人化しやすいという問題をはらんでいます。
　また、利用する人の能力によって、利用状況や加工状況が異なってきます。能力が低い人が使う場合は、あまり効率的な使い方がなされないという問題がある一方、逆に能力が高い人が使った場合、その人が加工した Excel ファイ

ルを他の人が容易に理解し加工することができなくなってしまうという課題もあります。

　他にも、Excelを使って経理業務を進めていく場合に陥りやすい困った例として、次のような例が挙げられます。

・担当者が辞めてしまうとファイルの構造が分からない
・ファイルがありすぎて最終版としてどれが使われたのかが分からない
・算式が間違っており、間違った数値で伝票処理をしてしまうことがある

　便利ではあるものの、結果として属人的になってしまい、効率性が失われる場合もあるのです。

✓ 会計システムができることにExcelは不要

　それでは、どうしたら良いのでしょうか。
　答えは、「Excelを使わなくてもすむように会計のシステムを使い倒すという視点で業務を組み立てる」ということです。
　本来であれば会計システムを使えばできる業務を、あえて会計システムからデータをエクスポートして、それをExcelで加工しているというケースを現場で非常によく見ます。
　例えば、部門別の損益計算書を出すために共通経費を各部門に按分して配賦するという作業がありますが、会計システムのマスタを正しく設定すれば、システムが自動的に配賦計算をしてくれます。
　それなのに、わざわざいったんデータをExcelファイルに変換し、複雑な算式を組んでExcelで算出しているのです。
　何故そのようなことをしているのでしょうか？　わざと面倒なことをして経理をブラックボックスにしている、ということではないでしょう。実は多くの場合、その理由は、

Excelを使わない仕組みを考えて業務の効率化をはかる

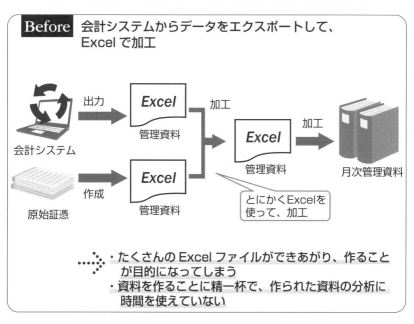

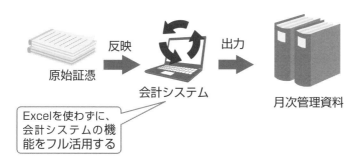

・今あるやり方を変えるのが面倒くさい
・会計システムのうまい使い方が分からない

といったところにあります。

また、Excelで作成するのに手間がかかればかかるほど、できあがった資料があまり活用されていないということがよく見られます。資料を作ることに精力を使い果たして、使って利用することに力を注いでいないというケースもあります。これでは、本末転倒ですね。

せっかく購入した会計システムも活用しなければ宝の持ち腐れです。それに、Excelを使って仕事をするのであれば、余分な時間を費やすことになりますし、他の人が業務を引き継ぐのも簡単ではなくなります。

このような悪循環から脱却するために、会計システムがしてくれる機能は会計システムに任せるようにすることが肝要なのです。そこから脱却するためのヒントはこの後お話ししていきます。

Excelを使うのは、便利に見えて、意外に不便さを生み出していることを心しておきましょう。

Check it!

エクスポート機能

最近の会計システムでは、作成される各種の資料をExcel形式やCSV形式、PDF形式で保存できます。エクスポートされたファイルを活用し、分析資料の作成やレポートの印刷などが可能です。

Chapter 2
スタートアップ編

file. 04
支出申請書に入手すべき情報を網羅する

標準化のコツ

全社共通の書式に整える

書式の項目はMECE的視点で決める

✓ 部署ごとに書式が違う

　外部の取引先に代金を支払うという行為は、ほとんど全ての会社で行っていると思います。玄関のマットを掃除してくれる清掃会社に支払う場合や、名刺を作成してくれる印刷会社に支払う場合などがそれにあたります。

　皆さんの会社では、支払いを経理部門に頼む場合の申請書の書式は決まっているでしょうか？　全社レベルで書式が統一されているようであれば、標準化の道筋が敷かれていると思います。

　会社によっては、請求書を受け取る部署ごとに申請書の書式が違うケースがあります。そのような場合は、経理部門としてはとりまとめが非常に大変になります。

　例えば、次のようなパターンの申請書が回ってくると、経理部門は困ってしまい、無駄な時間を要することになります。

・請求書に申請部門の担当者の名前が記載されているだけで、費用を負担する部門が分からない
・必要な情報がそもそも記載されていない

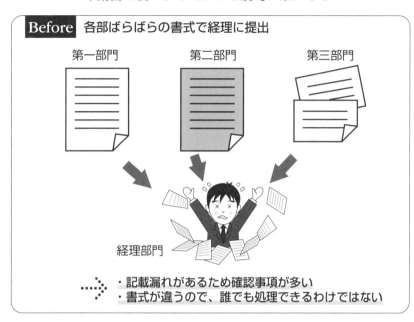
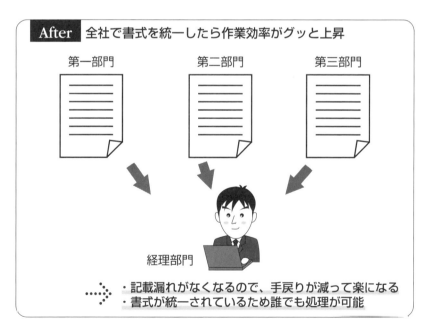

- 書式が統一されていないので、各部によって記載の内容が異なっている
- 経理部門のスタッフの知識レベルが低い場合、入手する申請書の精度がそもそも低いと間違いに気がつかない

このような場合、経理部門のメンバーは内容の確認に時間を要してしまい、手戻りが多くなります。

例えば、経費負担をどこの部署にさせるかが申請書に書かれていなければ、申請を出した人に負担部門を確認しなければなりません。申請者の所属部門が必ずしも全額負担するとはいえませんので、記載がない以上は確認が必要です。

書式が統一されていれば、必須事項の記入がなされた状態で書類が回ってくるので、経理部門から申請部門に対する確認事項も確実に減ってきます。

標準化の第一歩は、書式の統一を全社レベルではかるということです。

✔ 入力に必要な情報をムダなく織り込む

次に、もう一つの課題として申請書に必要な項目が全て網羅されているかどうかという視点を持つことが重要です。プロジェクトを進めたり、新商品の販促を進めたりするときに、「MECE的な思考で考えるように！」と指導をされた方もいると思います。

MECEとは、経営コンサルタントが使っている用語ですが、簡単にいうと「漏れなく、ダブりなく」という意味です。MECE的に考えるということは、つまり、考えに漏れがないようにすることと、ダブるような無駄がないように考えることを両立させるということです。

この考え方は、経理部門でとりまとめる支出申請書にも応用することができます。

支出申請書には、経理情報として登録するための基礎情報が記載されており、ここに記載のないものは経理に反映されません。そのため、「漏れなく」記載すべき事項は、申請書に埋め込まれている必要があります。

ただ、同時に無駄な情報が記載されていると、それらも経理情報として登録するものの、反映した内容があまり使われないようであれば、全体として無駄な作業となります。記載してもらうのも無駄ですし、登録するのも無駄になってしまいます。

　例えば、店舗別の利益管理をしている会社が申請書に店舗情報を記載する他、都道府県情報も記載しているとしましょう。会社として都道府県情報をもとに分析しようとして過去に申請書に記載していた名残がそのまま残っている場合などは、記載する人にとっては無駄な時間を費やすことになります。

　ですので、申請書ひとつとってもMECE的に考えて決めるという視点が重要なのです。

　ここで、一般的に利用されている支出申請書のうち、記載をしておくべき要素を挙げてみましょう。

■支出申請書に記載しておくべき事項の例

申請日	⇒いつ申請したかが分かります
対象年月	⇒いつの経費になるのかを判別します
申請者氏名	⇒誰が申請したのかが分かります
申請部門	⇒どこが申請したのかが分かります
支払先情報	⇒支払う企業名、支払期日、支払金額、支払方法等の基本情報を記載することで、資金繰り情報などに利用します
負担部門	⇒どこの部署の経費に計上するのかを判別します
プロジェクトコード	⇒部署以外にプロジェクトごとのコスト管理をしている会社であれば、プロジェクトコードも記載しておきます
経費の内容	⇒勘定科目を連想させるような内容を記載してもらうことで、どの勘定科目と紐付くか、経理部門で判断しやすくなります

支出申請書に確認必須項目を織り込みましょう！

支出申請書（サンプル）

申請書に記載すべき必須事項をMECE的観点で決めていきます。

これらを記載した標準的なテンプレートを用意することで、各部署に確認する手戻りがグッと減りますし、作業も機械的にできるようになり、結果として作業時間は大幅に減ります。

Check it!

MECE
ミーシーもしくはミッシーと読み、Mutually Exclusive and Collectively Exhaustive の略です。お互いに重なり合わず、全体として漏れがないことを意味します。仕事の効果を上げるためのフレームワークのひとつです。

04 支出申請書に入手すべき情報を網羅する

file. 05
日単位でスケジュールを管理

標準化のコツ

スケジュールは日単位で作成する

翌年もスケジュールを更新して使用することでミスを減らす

✓ 日単位のスケジュールで「見える化」

　目標を達成するために、予定表を作る方は多いと思います。学生時代であれば、試験日に合わせて、スケジュールを組んだ経験をお持ちの方も多いでしょう。

　ところが、経理の業務のうち、月次決算に関して、スケジュール管理を全ての会社が行っているかというと、半分程度の会社しか月次のスケジュールを作っていないというのが私の実感です。

　経理部門では、役員会の日にちに合わせて月次決算を終わらせるように仕事を進めてはいると思います。しかし、期限の提出日には何とか間に合わせるものの、途中段階での到達目標は決めていない会社が多く見受けられます。

　標準化のためにオススメしているのは、日単位でスケジュールを作ることです。次のページに日単位のスケジュールを記載しましたが、そこに掲載しているように、日々の実施項目及び担当者を定めることで、次のような効果が出ます。

・担当者と業務内容を記載することで責任が明確化される

・毎日の実施状況をチェックすることで、進捗の遅れがないかどうかが「見える化」される
・翌月、翌年も業務内容が変わらなければ、スケジュール通り実施すれば実施項目を忘れることなく業務が完成する

✔ ボトルネックはスケジュールから明らかになる

　上場会社等はもちろんのこと、中小企業においても月次決算を早めに締めて、損益状況等を早く知って、経営判断を行いたいと考えている経営者の方は多くいらっしゃいます。

　そのためには早期化が重要な課題となってきますが、この日単位のスケジュールを作成して実施するという手法は、威力を充分に発揮します。

■決算スケジュールは、日単位で作成

決算スケジュール（業務分担/期日管理）

日付	実施事項	担当者
3月25日	立替金、未払金、その他資産・負債等精算もれ確認	
3月26日		
3月27日		
3月28日	請求漏れチェック	
3月29日	入金処理準備	
3月30日	売上請求書取得、売上一覧完成（売上、原価未計上含む）	
3月31日	有価証券時価評価、未払税金戻し	
4月1日	入金処理完了、資金関係残高照合、資本金残高確認（謄本突合）、仮払、仮受金精査、支払（引き落とし）処理完了	
4月2日		
4月3日		
4月4日	受取利息計上、売上計上	
4月5日	賞与引当金/賞与処理、その他引当金処理、売上、その他請求等最終確認	
4月6日	借入金、貸付金長短振替	
4月7日		
4月8日	関係会社債権債務残高突合・調整、減価償却費（長前含む）計上、税務調整項目集計	
4月9日		
4月10日		
4月11日	勘定明細作成、月次推移確認	
4月12日	修正処理等、税金計算	
4月13日	最終チェック、税金計算後確定	

　日単位のスケジュールを作らずに作業を実施していた時は、何故遅くなるの

か、どこにボトルネックがあるのかがはっきりしない上、作業漏れによってミスが生じる可能性が残るといったことになっていたはずです。しかし日単位にまで予定を落とし込むことで、予定通りいかない原因や予定通り実施させるための手段が明らかになってきます。

　また、特定の人が忙しくなっていないか、暇になっている人はいないかといったことも分かるので、業務を平準化させることも可能となります。

　より進化している会社だと、日レベルにとどまらず、一日の時間レベルまで落として作業工程を管理をしています。

Check it!

ボトルネック
スケジュールを日単位で詰めていく課程で、作業の阻害要因（ボトルネック）になっている事象が明らかになるかもしれません。これを解決することでスムーズなスケジューリングが可能になるのです。

file. 06
整理整頓のススメ

> **標準化のコツ**
> 基礎資料は、ナンバリングをした状態でファイリング
> 印刷する時は、日付、ファイル名、格納場所を記載

✓ 整理整頓ができる会社は強い

　整理整頓の書籍は、勢いよく売れています。中には、ミリオンセラーとなるほど関心が高いものまで。整理整頓をしたら、金運に恵まれたり、心がリラックスできたりと良い効果を感じる人もいるようです。

　M&Aを通じて一代で企業を巨大化させた日本電産の永守重信社長は、買収した会社の工場に行って、整理状態を見て、それがひどければ徹底的に整理整頓をさせるそうです。その結果、業績が回復するケースが多いとか。

　整理整頓と業績の相関性が高いということを認識させられるエピソードですね。

　実は、経理業務でも整理整頓は重要なテーマです。標準化を進めるためには、必ず実施すべき事項なのです。

　整理整頓の中でも、中心になるのはファイリングです。ペーパーレス化を進めている会社もありますが、ここでは紙のファイリングについて考えてみましょう。

ファイリングは単純に書類を綴じておけば良いのではなく、一定のルールに従って、統一された方法で行っていることで効果を発揮します。
　ファイリングの方法を社内で統一すると、どんないいことがあるのでしょう。

・資料を探す手間が極端に減る
・前回行った処理はファイルを見ればすぐに分かるので、マニュアル代わりになる
・担当者が変わっても、少なくとも前回ファイリングした通りに作業を実施すれば、作業の継続性が維持される

　などなど挙げたらキリがないほど、そのメリットは大きいのです。

　資料を探す手間というのは、短い時間のように見えて、実はかなりかかっています。さらに、整理整頓がされていないために、処理を忘れてしまったケースに現場で遭遇したことがあります。例えば、支払いをすべきものを忘れてしまったケース、納付書が引き出しに入れっぱなしになっていたために納税をするのを忘れてしまったケースなど。
　前者のケースですと取引先から信頼を失うことになるでしょうし、後者のケースですと、ペナルティとして加算税や延滞税がかかることになり会社に実害を与えてしまうことになります。
　周りの人を見てみてください。仕事のできる人はきれいに資料整理がされていて、ファイリングをきちんと行っている人が多いと思います。

✔ すぐに効果が出る決算関係のファイリング

　ここでは、決算時のファイリングを例にとって考えてみましょう。決算関係のファイリングは、概ね次のような流れで行います。

表紙の次に、決算スケジュールを綴じ、その後に決算書を綴じます。決算書の後には、各勘定科目の基礎資料を印刷してファイリングします。

表紙は、以下のようにしておくとよいでしょう。

■決算ファイル表紙

項目番号	項目	作成資料	担当者	確認者	作成期限	作成日	確認日	リファレンス番号
－	－	決算スケジュール	－	－	－	－	－	－
A	－	決算報告書	平野	中尾	4月20日	4月18日	4月19日	A-1
B	－	勘定内訳書	平野	中尾	4月20日	4月18日	4月19日	B-1〜2
C	現金預金	現金預金管理表	有山	平野	4月6日	4月4日	4月5日	C-1〜3
D	売掛金	売掛明細表	今川	平野	4月8日	4月7日	4月8日	D-1

また、資料に所定の番号を付して、相互参照がしやすいようにしておくと便利です。ここで付す番号のことをリファレンス番号と呼んでいます。

さらに、資料の印刷にあたっては、Excel 等のソフトデータであれば、印刷した書類のフッターに「印刷日」、「ファイル名」、「ファイルの格納フォルダ名称」を記載しておいたほうが便利です。

こうすることで、最後に作業した日付が分かったり、どこに格納しているファイルで作業をしたのかが分かったりしますので、次回作業をする際にファイルを探す手間が減ります。

決算をした時点では、記憶が鮮明なので、特にファイリングがされていなくても困ることはないのですが、1年後に決算を行うときには記憶が薄れていて何をしたのかが分からなくなっていることもあります。決算ファイルがあれば、少なくとも前回と同じ手順で、同じ資料を作ったり集めたりすれば、決算が完了します。

また、ファイリングをしていくことで、どの程度作業が進んでいるのかということもファイルの厚みで「見える化」されていくので、進捗状況を確認する

整理整頓は標準化の肝

Before とりあえず綴じ込んではいる状態

綴じ込みはしているが、ルールが決まっていないので、探すのが大変

After ファイリングルールを決めて、整然と綴じ込んだ状態

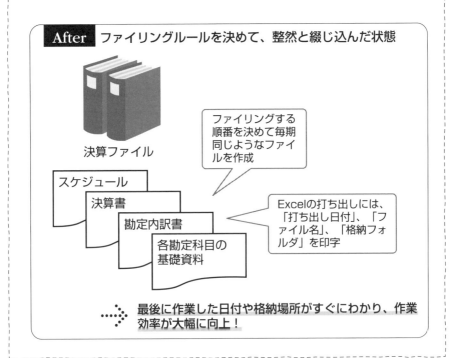

最後に作業した日付や格納場所がすぐにわかり、作業効率が大幅に向上！

ことができます。

　さらに、担当者を変更する場合でも、ファイリングされた資料を見てもらえれば、どのような作業をいつ行ったのかが分かるので、引継ぎのツールとしても使えるのです。

　翌年担当した人は、新たに改正がされた会計や税務の制度を中心に対応すれば良くなり、引継ぎの負担がそれほど大きくなくなります。

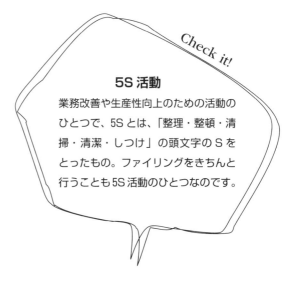

Check it!

5S 活動
業務改善や生産性向上のための活動のひとつで、5Sとは、「整理・整頓・清掃・清潔・しつけ」の頭文字のSをとったもの。ファイリングをきちんと行うことも5S活動のひとつなのです。

file. 07
同一システム、同一業務フロー

> **標準化のコツ**
> システムを統一し、会社が増えても業務フローは増やさない
> 規模等によっては、二つのシステム、二つの業務フローもあり

✔ 会社ごとにシステムが違ったらどうなるか

　成長する企業ですと、新規のビジネスを開始するにあたって、子会社を設立することもあれば、企業買収をして、会社を新たにグループに取り込むということもあります。

　このような場合に現場でよく見られるパターンは、各社ごとに会計システムが異なっていて、その結果、業務フローも異なっているというパターンです。

　会社ごとに適切に業務が流れていれば問題はないと判断して、特に手を打たない場合が多いですが、実は、次のような潜在的な課題があるのです。

- 会社ごとに業務の流れや書式が違うので、会社間での経理メンバーの異動が容易でない
- 経理以外の部署に関しても、会社間で異動をすると、経費精算の業務フローが異なっているので、異動した会社に行ったら改めて業務フローを理解する必要がある
- 会社ごとにマニュアルを作るので、各社で作成する時間を合計するとかなりの工数がかかっている

……などなど見えない無駄がたくさんあるのです。

✓ 同一システム、同一業務フローの導入

そこで、このようにグループ会社が多い企業群において標準化をはかる場合、次の原則が有効です。

「同一システム、同一業務フロー」という考え方です。

具体的には、全てのグループ会社において同じ経理システムを導入し、それに合わせた書式に統一します。その上で、原則として会社が違ったとしても同じ業務の流れになるようにするのです。

こうすると、マニュアルを変更する必要が生じたときでも、ひとつのマニュアルを変えるとグループ会社全体に適用できますし、人が出向や転籍等で会社間を異動したとしても今までやっていたやり方で仕事を進められるのです。

実はこれらによって節約できる時間は会社数が多ければ多いほど膨大な時間となっているのです。

ただ、同じグループ会社でも企業規模にかなりの違いがあるケースもあります。このような場合には少し工夫が必要です。

これには、企業群を大きく二つのグループに分ける方法があります。

海外との取引があったり、営業や生産管理等のシステムとの連携が必須となっていたりするために機能が十分なERPシステムを必要とする企業グループが一つのグループになります。

それに対して、比較的規模が小さかったり、取引が複雑でないため廉価なパッケージで良い企業グループというのが、もう一つのグループに入ります。

つまり、大規模な企業には拡張性のあるERPシステムを導入し、小規模な企業には、比較的廉価な市販のパッケージソフトで対応するのです。

グループ内で二つのシステムを持つことになるので、業務フローも二つとなり、無駄が生じる面もあります。

同一のシステムと同一の業務フローで会社が増えても困らない

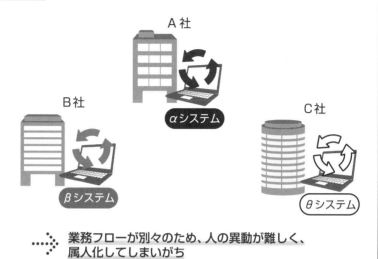

Before　会社ごとに別々のシステムを使用

業務フローが別々のため、人の異動が難しく、属人化してしまいがち

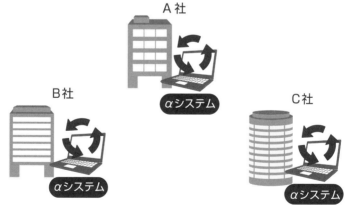

After　グループ内の企業にすべて同じシステムを導入

業務フローが同一のため、グループ内での人の異動がスムーズで、属人化が起こりにくい

ただ、システムにかかる費用を考えると、小規模の会社にオーバースペックなシステムを導入してしまうと、初年度の投資コストはもちろんのこと、翌年以降の維持費用も廉価版のパッケージと比較してかなり高額となり、結果として全体のコストがかさんでしまいます。

　ですから、企業グループによっては、企業規模や必要な機能を勘案して、二つのシステムを導入しています。

　いずれにしても、「会社の数だけ業務フローの数がある」ということにならない仕組み作りが、標準化の一歩なのです。

> Check it!
>
> **ERP**
> Enterprise Resource Planning の略で、ヒト・モノ・カネ・情報といった経営資源を有効活用する目的で統合的に管理する経営手法です。経理・人事・生産・販売等の業務を一元管理するシステムを ERP システムといいます。

file.08
マニュアルを作成する

マニュアルは必ず作る
チェックリストを作って、品質を一定水準以上に維持

✓ たかがマニュアル、されどマニュアル

　簡単なようでできないのが、マニュアルを作成するということです。
　一人の担当者が長く同じ業務についていると、作業内容が頭に入っているので、特にマニュアルがなくても業務はスムーズにこなせます。
　ただ、このような形で業務を進めていると、いざ担当者が退職してしまったような場合に、引継ぎが非常に困難となります。
　私たちに相談が来る案件の中にも、急に担当者が退職して、業務が全く引き継げない状態で、何とかして欲しいといったケースがあります。
　もしも、ここでマニュアルがあれば、誰かに業務を引き継ぐことは可能だったと思います。
　ですから、実際に作業をしている人にとっては簡単に感じることでも、マニュアルを作っておくことが、後々起こる業務の引き継ぎに有効となるのです。
　誰が行っても同じ業務の流れで作業が進むので、標準化が進むという意味でもマニュアルの存在は有益です。

　また、マニュアルに関して重要なことは、変更事項が生じたら更新をすると

いうことです。

　マニュアルは最初に作るときは、勢いよくがんばって作るのですが、その後のフォローアップがおろそかになって、古いままのマニュアルがファイリングされているというケースも多くあります。

　マニュアルを作るときは、次のような事項に気をつけて作成すると良いと思います。

・作業担当者を記載する場合に、個人名を書くだけでなく、組織の職位も合わせて記載しておく。仕事が個人に紐付いている訳ではなく、組織に紐付いているという趣旨にも適合する
・ミスが起こりやすい事項は留意点として記載しておくことで、ミスを未然に防ぐことができる
・実際に使う帳票を掲載しておくと分かりやすくなる
・更新管理のために最終更新日を記載した上で、バージョン管理をしておくことで、変更の履歴が分かる

✓ チェックリストで品質管理が徹底できる

　マニュアルの他にもうひとつ作っておくと良いのが、チェックリストです。
　チェックリストは、業務が完了した後に、作業した内容が正しいのかどうかということを確認できますし、あるいは、作業を進めていく段階で事前に確認することでミスなく業務が完了します。
　チェックリストは、成果物の品質を一定水準以上に維持することができるのです。
　また、チェックリストがあることで、年次が浅いメンバーが経理業務に関与しても合格点となる仕事ができるようになります。そのため、上司や先輩にとってはミスの修正等の手戻り時間が減り、結果として全体の作業時間の削減

マニュアルがあれば誰でもできる体制に

【支払処理（経費精算）マニュアルの例】

(1) 経費精算の対象
　　交通費、出張旅費、事務打合せ費・交際接待費、その他経費の個人立替分

(2) 支払日
　　毎月10、20、末日支払い（当該日が土日祝の場合は、10・20日払いは翌日、末日払いは前日）

(3) 支払処理フロー

> ①領収書・旅費精算書に必要事項記載［各社員］
> ②各部門担当役員支払承認［承認者：担当役員］
> ③経理担当役員支払承認［承認者：A氏］
> ④精算書取りまとめ［担当：B氏］
> ⑤振込データ作成、チェック［担当：C氏］
> ⑥支払データ承認［承認者：A氏］
> ⑦振込完了

(4) 手続きの詳細
　①　領収書・旅費精算書に必要事項を記載のうえ、担当役員へ回付［各社員］
　②　担当役員支払承認［各部門担当役員］
　　　必要事項が記載されているかを確認の上、承認印を押印して回付
　③　経理担当役員支払承認［経理担当役員：A氏］
　　　必要事項が記載されているかを確認の上、承認印を押印して回付　　　　　← 期日は必ず記載する
　④　精算書取りまとめ［担当：B氏］
　　　末日支払分は末日8営業日前まで。その他は支払日7営業日前までに精算書を取りまとめ、「総括表」・「個人別精算表」を作成
　⑤　振込データ作成、チェック、帳簿に記帳［担当：C氏］
　　　支払日5営業日前までに「総括表」・「個人別精算表」をもとに振込データ作成、チェックし、帳簿への記帳処理　　　　　　　　　　　　　　　← ミスのしやすい留意点も記載しておく
　⑥　支払データ承認［経理担当役員：A氏］
　　　支払日3営業日前までに支払承認を画面上で実行
　⑦　振込完了

(5) 精算書回付時記載事項
　a. 内容
　b. 事務打合せ費・交際接待費の場合は、相手先名・人数（当社人数を含む）を必ず記載。飲酒を含む場合（乾杯程度を除く）は「（接）」と記載する。

にも貢献するのです。

　マニュアルとチェックリストをともに作成するのは手間がかかりますが、後々の時間を圧縮する効果を考えて、面倒がらずに作成しましょう。

チェックリストを使えば品質が担保される

【勘定科目別チェックリスト（有形固定資産）の例】
- ☐ 取得資産について付随費用を含めているか確認したか。
- ☐ 一括償却資産や中小企業者等の少額減価償却資産の適用は検討したか。
- ☐ 資本的支出、修繕費の判定は行ったか。
- ☐ 償却方法は届出書の通りになっているか確認したか。
- ☐ 新規取得分について取得価額、耐用年数、償却方法、事業供用日は適正か確認したか。
- ☐ 固定資産台帳とB/S、P/Lとの残高の一致を確認したか。

Check it!

PDCA

事業活動において、Plan（計画）、Do（実行）、Check（評価）、Action（改善）を繰り返すことで業務を継続的に改善することをいいます。マニュアルは作るだけでなく、実際に使い、必要に応じて見直しましょう。

file. 09
データを流し込めば手作業は極小化される

標準化の
コツ

手入力を極小化する

会計システムにデータをインポートする

✓ システムを導入しても手入力が多ければマイナス

　今は、手書きの元帳で帳簿を作成している会社の割合はかなり減っていると思います。実際、私どものお客様の中でも、会計システムを導入していない会社の割合は1％未満と少数派です。
　ですから、ほとんどの会社で会計システムを導入しているのが現状でしょう。
　しかし、会計システムを導入して経理を行っている場合でも、仕訳伝票を入力するという手間は残ります。
　仕訳の多い会社ですと、伝票入力の担当者が毎日数時間も入力することになっているということもあります。初めのうちは、入力することに抵抗は感じないかもしれませんが、来る日も来る日も伝票の打ち込みをしていると嫌気がさしてしまうかもしれません。
　経理を合理化するために、**「手入力をできるだけなくしていく」**という視点で考えてみて下さい。
　ERPシステムのように会社の業務がひとつのシステムでつながっていて、会計システムにはほぼ入力をしなくて良い仕組みを導入するという方法もありますが、投資コストは馬鹿になりません。

データを二次利用して入力作業を減らしましょう

Before ひたすら全てを手入力

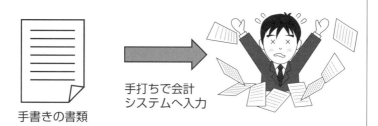

⋯⋯▶ とにかく入力作業に時間がかかってしまう

After 既にある Excel データを利用してデータを流し込み

⋯⋯▶ 手で打ち込みをしなくていいので楽！

こんな場合はデータの流し込みを検討してみよう
▶Excel で数値を管理している場合
▶毎月同じ形式の伝票で数値だけが変わる場合

✔ インポート機能を使いこなす

　そこで、中小企業でもできる方法として、よく活用されているのが、会計システムに取り込める形式のExcelのテンプレートを使う方法です。

　最近の会計システムは、外部で作成したデータを仕訳としてインポートする機能を持っています。そこで、その機能をフルに活用するのです。

　Excel等で取り込む形式をいったん作成してしまえば、その後は会計システムに仕訳伝票を打ち込む必要はなくなり、そのExcelファイル等にデータを入れるだけで仕訳として取り込めます。

　最近は、Excel等で数値の管理をしているケースもあります。そうすると、そこで作ったファイルを仕訳として二次利用できるのです。

　file.02では、なるべくExcelを使わない方法を模索しましょうとお話ししましたが、そこでの話は、できあがった数値をExcelで二次加工、三次加工するのをなるべくなくして、会計システムにやってもらいましょうということでした。ここでの話はもともとあるExcelデータをどのように二次利用していくかという話です。

　手元にあるExcelデータは使い倒しましょうという視点で考えて下さい。

Check it!

インポート機能

一般的な会計システムには、Excelで編集したデータを仕訳データとして取り込むことができるインポート機能があります。同じような仕訳を大量に取り込む必要がある場合は、この機能の活用が有益です。

Chapter 3
アナログ対応編

file. 10
小口現金をなくしてしまう

> **標準化のコツ**
>
> 小口現金をなくす
> 定期的な精算とコーポレートカードの活用でストレス軽減

✔ 小口現金のためにこんなに時間がかかっている

　皆さんの会社には小口現金があるでしょうか？

　小口現金は、社員が、経費を立て替えている場合に領収書と引き替えにお金を受け取ったり、出張前に出張料金の仮払いのためにお金を受け取ったりする際などに活用されます。

　社員の立場で考えると、必要な時にお金をさっともらえるので便利です。

　でも、この便利さを保つためにどのような努力をしているのでしょうか。

　まず、お金を手元に置いておくために経理部門の社員が銀行にお金をおろしに行く必要があります。

　次に、都度お金を取りに来る社員のために、経理部門の社員はいったん仕事を中断してお金の出し入れに集中しなければなりません。

　そして、毎日出納帳を締め、現金の実査をした上で、帳簿と現物が一致しているかを合わせなければなりません。

　さらに、お金は一人だけに管理させておくと不正が起きる可能性がありますので、上司が現物の確認を行います。この段階で現物と帳簿が一致しない場合は、遅くまで合わせる作業に追われたなんて経験がある方もいるかもしれませ

ん。また、社内・社外の人間から盗まれるリスクもあるために、きちんとした鍵のかかる金庫を用意しておかなければなりません。

　実は、小口現金を会社に置くためにはこれだけの管理をする必要があるのです。

✔ 小口現金をなくす大改革

　そこで、経理を合理化するための提案は、「**小口現金を会社からなくす**」ということです。
　もちろん、反対も出てくると思います。
　いつもすぐにお金をもらえていたものがもらえなくなるのですから。

　それでは、そんな反対意見に対してどんな対応をすれば小口現金をなくすことに納得してもらえるでしょうか。
　小口現金を廃止した場合、基本的に社員の方への精算は銀行の振込手続きを通じて行います。
　すぐにお金が欲しいという要望に対して、リアルタイムで送金することは事務の手間が増えるので難しい面はありますが、精算のタイミングを週に一度にする等、頻度を高めることで、それほど社員の資金負担は問題にはならないかと思います。
　また、経費の金額が多額となる場合に対する備えとして、コーポレートカードを作り、そのカードで精算をしてもらうようにします。
　例えば、金額が多額になる飛行機代や新幹線代などはコーポレートカードを使ってもらえば、社員の財布から現金は出ていかなくて済みます。
　このように、社員にストレスを感じさせることなく小口現金を廃止することは可能なのです。

小口現金の廃止を考えたときの不安への対応

お金をすぐにもらえなくなる？
　…▶ 週に一度等の精算頻度にすれば資金の負担はあまりない

仮払いができず、すべて立替え払いになる？
　…▶ コーポレートカードを使えば仮払いと同様の効果が得られる

　経理部門に生じるメリットとしては、毎日業務の途中で現金の出し入れをして仕事が中断するというストレスから解放されるほか、現金を数えなくてよくなる、上司が現金の盗難を心配する必要がなくなる、金庫を買う必要がないのでその分のコストが浮く…等々、時間もお金もかなり節約できることになります。

　私が関与させていただいた現場では、小口現金がない会社の割合はおよそ半分程度だと思います。その中には、かなりの規模の会社も含まれています。
　規模が大きな会社であっても、小口現金は廃止している会社があります。冒頭の質問である「小口現金はありますか？」という問いに対する答えが、「あります」となるようであれば、標準化のために廃止する方向で動いてみて下さい。
　かなりスッキリすると思いますよ。

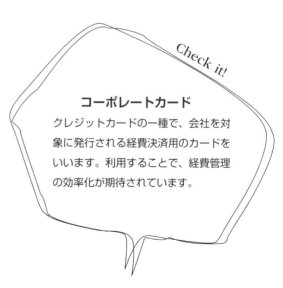

Check it!

コーポレートカード
クレジットカードの一種で、会社を対象に発行される経費決済用のカードをいいます。利用することで、経費管理の効率化が期待されています。

小口現金がなくなれば経理は軽くなる

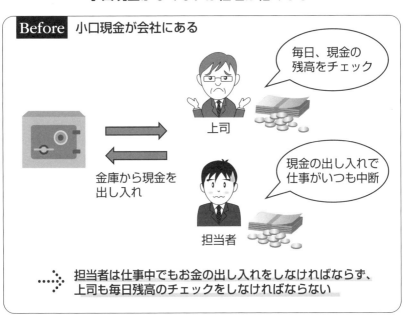

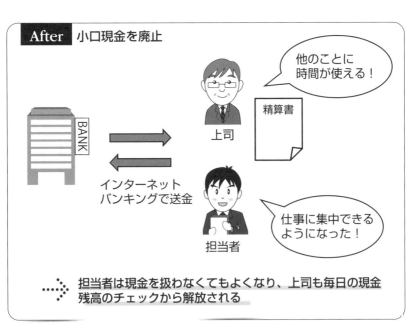

file. 11
概算計上は使える

> **標準化のコツ**
> 正確性と早期化の両立のために概算計上を行う
> 概算計上した場合は、別科目にして取崩し漏れ防止

✓ 請求書を待つという時間のロス

　経営に役に立つ数値を出すために早く月次の決算を締めて欲しいというのは、多くの経営者の願いです。
　ただ、早いだけではなくやはり正確な数値でないと役に立ちません。
　そうなると経理の現場を悩ませるのは、正確な数値にするために、確定した情報をどこまで会計に反映させるかどうかということです。
　つまり、いつまで月次決算を締めるのを待つのかということです。
　例えば、3月の月次を締めるとした場合、仕入や経費に関しては、取引先から来る請求書をもとに、未払計上をすると思います。
　仮に、3月に役務提供を受けたサービスの対価が110,000円であった場合、経理処理は次のようになりますね。
　（借方）経　　費　110,000　　（貸方）未　払　金　110,000

　3月にかかった費用を発生主義に基づいて未払計上することで3月の月次決算は正確になります。
　ここで、110,000円という金額は、取引先から送られてくる請求書で確認

を行います。ですから、経理部門としては、請求書が来るのを待って、最終的な請求額を確認してから仕訳として入力します。

経理部門に請求書が届くまでに通常、次のような工程をふむことになります。

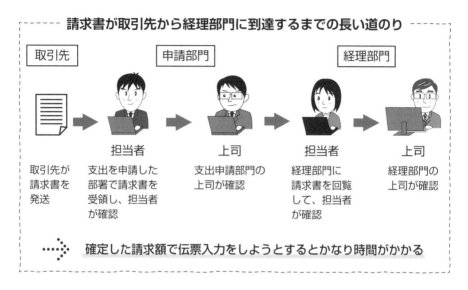

実は、こんなに長い工程があったのです。そうすると、月次決算を早く締めたいという願いを叶えるにはどうしたら良いでしょうか。

・取引先に早く請求書を発送してもらう
・社内での承認手続きが早くなるような仕組み（紙の書類を回覧するのでなく電子承認をするのもひとつです）を考える

いずれの手続きも、うまく動くと一定の早さは実現できると思います。

ただ、それでも、取引先によっては最終的な金額が確定するのに時間を要する場合もあります。このあたりになると相手があっての話なので、対応してもらえるかどうかの確約はありませんので、限界も生じてきます。

✓ およその数字で処理しても結果はあまり変わらない

　そこで、月次決算を早期化するために活用されるのが、**売上や仕入（経費）などを概算で計上する**という手法です。

　正確な数値を待っていたら、翌月6営業日あたりにならないと売上や仕入、経費などの最終数値が入手できず、更にそこから伝票入力をしていると翌月10営業日くらいにならないと月次決算が締まらないなんていうことはざらにあります。

　そこで、ある日付（例えば月初3営業日）までに請求書が届かない場合などは、発注書や見積書などで把握している概算の金額を使って伝票入力を先に進めてしまう、という風に発想を転換します。

　つまり、概算金額を使うことによって、発生主義としての経理処理は維持しつつ時間の短縮をはかるのです。

　概算金額は、先方に発注した仕入や経費以外に、売上のように相手との金額の照合があって、なかなか最終請求額が確定しない債権についても利用されます。

　このように概算金額を使うことで、多少は正確性が失われる面はありますが、概算金額をきちんと把握する仕組みがあれば、一定の正確性を維持しながら、月次決算をスピーディーに締めるということが実現できるのです。

　概算で計上した仕訳は、確定値を入手した段階で取崩し処理をして、確定値で改めて計上し直します。

　概算で計上したものと確定で計上したものが混在したり、取崩し漏れになったりということにならないためにも、概算計上した場合は、通常の科目と区分することがオススメです。

　具体的には、次のような仕訳をすることになります。

【当月】 経費の概算額は100,000円程度ということで、当月末に概算計上して、月次決算を締める。

　（借方）経　　費　100,000　（貸方）概算未払金　100,000

【翌月】 翌月半ばに110,000円の請求書が来て、金額が確定したので、概算の取り崩しと確定の計上を行う。

　（借方）概算未払金　100,000　（貸方）経　　費　100,000
　（借方）経　　費　110,000　（貸方）未　払　金　110,000

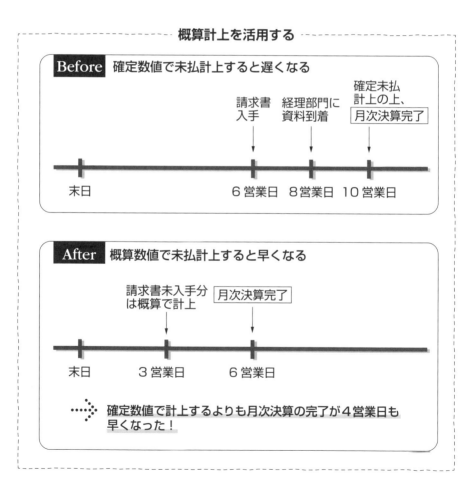

概算と確定の差額10,000円が翌月の経費として多めに計上されますが、その差額の分しか影響が出ないので、概ね正確な月次決算が締められることになるのです。

　また、概算計上する場合に、「概算未払金」という勘定科目を使うことで、取崩し漏れがなくなります。「未払金」勘定で概算計上をしてしまうと、取崩しをし忘れたとしても、概算の分として残高に残っているのか、確定の分として残っているのかが帳簿をパッと見たときに判別できないので、取崩し漏れが発生してしまう可能性があるのです。

　ですから、概算計上を活用するときは、概算分は別勘定科目で処理するのが肝となります。

　なお、本決算の時にも決算を早期に締める必要がある場合に、概算計上で決算数値を確定することは、上場企業やそのグループ会社において実務上行われています。

　このように本決算を概算数値で締めたとしても、税金計算は確定の債権・債務で行う必要がありますので、法人税の申告書の上での調整をはかることになります。法人税の申告書を作る際には、この点は留意しておく必要があります。

Check it!

申告調整

決算時に概算計上を行った場合には、法人税の申告書を作成する段階で、申告書で加算あるいは減算処理をする必要があります。税額計算は確定した数値で算定する必要があるからです。

file.12
月次の作業を省力化するには

> **標準化のコツ**
> 発生主義へのこだわりを捨て、現金主義を一部活用
> 割り切りの判断をして、早期化を実現する

✓ 発生主義からの脱却

　file.11 では、概算計上をして、早く数字を確定させる仕組みを作りましょうというお話をしました。

　ここでは、はしょりの技をお伝えしましょう。

　月次決算の数値を1円単位まで正しく作り上げるのはもちろん良いことですが、そこに行き着くために無駄な作業が多かったり、締めるのに時間が大幅にかかったりするのでは本末転倒といえます。file.12 では、どこまで省力するのかというのが鍵になります。

　会計は、発生主義で行うべきものではありますが、どこまで行えば良いのでしょうか。

　電気料金がだいたい月に 30,000 円程度かかる会社があるとしましょう。

　正しく決算を組むには、使っている電気代のうち該当月に対応する分を毎月未払計上する必要があります。ただし、必ずしも月初に電気代の請求書が来るとは限らないので、金額の通知があった段階で未払計上をすることになります。

　これをどう変えるのかというと、金額の変動もあまりなく、金額の影響度合いもあまり高くなさそうなので、**「発生主義で行わずに現金主義」**で行ってし

まおうと考えるのです。

　現金主義というのは、実際にお金が動いたときに仕訳の計上をする方法です。

✔ 現金主義と割り切ってスピードアップ

　月末に締めて、請求書が来て、翌月末に支払うというサイクルの場合、現金主義で経理処理をすると経費の計上額が1ヶ月分少なくなります。

　ただ、毎期その処理を継続していると、1年間に計上する費用の金額は、発生主義で計算した結果と現金主義で計算した結果はあまり変わりません。なぜなら発生主義で計算しても、経費は12ヶ月分しか計上されませんし、現金主義で計上しても12ヶ月分計上されるからです。

　もちろん、両者の間では、計上される対象月が1ヶ月分ズレるので、その分だけ損益はズレますが、そもそもの金額が大きくなければ、影響は大きくならないでしょう。ですから、作業を省力化してスピードを上げるために現金主義で経理処理をすれば、経理の合理化になるのです。

　このとき、影響が大きくなるような次のようなものは現金主義の対象からは外すことを検討しましょう。

・金額的に影響度合いが高いもの
・金額の変動が月々大きなもの
・本業に関わるもので、現金主義で計上すると決算をゆがめるもの

　検討の結果、一定の割り切りルールの中で月次決算の早期化を実現するようにしましょう！

> *Check it!*
>
> **現金主義と発生主義**
> 収益と費用の認識を現金預金の受渡し時期に行う方法をいいます。これに対して、現金預金の受渡し時期に関わらず、取引の事実の発生時に収益と費用を認識する方法を発生主義といいます。

たいした影響がなければ、現金主義も活用する

Before 発生主義で厳密に処理

【発生主義】

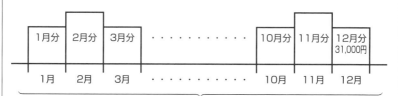

（A）当期1月分〜12月分

⋯▶ 当期1月分〜当期12月分が計上される（A）

After 現金主義で簡便に処理

【現金主義】

（B）前年12月分＋当期1月分〜当期11月分

⋯▶ 1月分遅れて計上することになる
前年12月分＋当期1月分〜当期11月分が計上される（B）

（A）と（B）の差は　当期12月分（31,000円）−前年12月分（30,500円）

⇒結果として、発生主義で処理した場合と現金主義で処理した場合の差額は500円だけとなる。

file. *13*
インストラクションと教育を充実させよう

標準化のコツ

決算インストラクションを作って説明会で共有

共通ツールを作って配布し、品質を上げて時間を圧縮

✓ 経理では情報共有はいらない？

　企業グループを形成して、グループ内に多数の会社がある場合、特に留意すべきなのは、グループ内の情報共有です。

　実際、情報共有の仕組みがある企業グループでは経理業務はうまく回っていますが、その仕組みがなかったり、あっても機能していない企業グループにはどこか問題があります。

　それでは、情報共有の仕組みとは具体的にどのようなものをいうのでしょうか。

　連結決算を組んでいる場合は、連結決算のスケジュール、連結報告に利用するパッケージの入力方法等のインストラクションを作ります。連結決算のインストラクションに関しては、過去のやり方からの変更点や処理ミスの多い例などを載せることも重要です。

　そして、インストラクションの説明会を適宜行うことで、実務が滞りなく行われるようにします。

> **グループ会社が多い会社は、共有する仕組みが重要**
>
> ◆決算インストラクション
> スケジュール、提出データ、連結パッケージ入力方法（変更点や留意点）
> ◆教育・研修
> 新制度（会計・税務）導入時の研修による共有
> 前回決算の留意事項等のフィードバック

✓ みんなが使える共通ツールの効果

　また、会計処理や税務処理に関して、グループとして処理方針を統一していくべきものについては、処理方法を共有しておくことも重要となります。

　処理方針を統一した場合、グループ内で使える共通のツールを作成して、グループ会社に配布することで業務が均一化されるとともに、業務時間の圧縮が期待できます。

　例えば、実効税率の算出ツールなどは、税効果計算を行う場合、どの会社も作成していると思われますが、各社各様で作成していると、間違って作成している会社があることでミスが生じるリスクもありますし、それぞれがツールを作成している時間を考えると多大な時間が浪費されていることが想像できます。

　まして、昨今のように毎期実効税率が変更するような時期においては、グループ共通のツールがあるのとないのとでは、品質と時間への影響は多大なものになるでしょう。

　このほかにも、減損判定のツールやグループ内での譲渡損益把握のためのツールなど、共通ツールを作ると良いものが色々あります。ツールの作成・活用を考えてみて下さい。

共通ツールの例

【実効税率算定ツール】
▼税率入力欄

入力欄 ⇩

法人税率		23.90	%
地方法人税率		4.40	%
住民税率	法人住民税率	16.30	%
事業税率	標準税率	1.90	%
	超過税率	2.14	%
地方法人特別税率		152.60	%

▼法定実効税率の計算（外形標準課税適用法人）

$$\frac{法人税率 \times (1+住民税率) + 事業税率}{1+事業税率} = \boxed{32.26\%}$$

> 各種税率を入れたら自動的に法定実効税率が算定されるツールを作ってグループ会社に配布することで、ミスがなくなり、スピーディーに算定が行える！

　もう一つ、企業グループにおいて重要なのは、教育の仕組みです。

　会計や税務の処理が毎期新しくなる昨今においては、定期的に新たな会計・税務制度の勉強会をグループ内で実施することで対応能力を上げていくことが重要になります。

　日常的に研修を実施する風土を作ることで、新たな変化に対応できる組織にすることが可能となります。

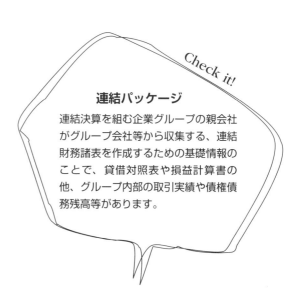

Check it!

連結パッケージ
連結決算を組む企業グループの親会社がグループ会社等から収集する、連結財務諸表を作成するための基礎情報のことで、貸借対照表や損益計算書の他、グループ内部の取引実績や債権債務残高等があります。

file. 14
仕訳のパターン登録で入力時間が減らせる

> **標準化のコツ**
>
> 仕訳は事前に定型パターン登録しておく
> 経理知識がなくても入力できる仕組みをつくる

✓ 定型パターンの登録で時間の圧縮を

　最近ではほとんどの会社で会計システムを導入していると思います。導入した結果、貸借が一致することはもちろんのこと、元帳や試算表が自動的に打ち出されるようになり劇的に業務効率は上がりました。

　システムへの入力に関してはブラインドタッチで入力をしたり、勘定科目コードを記憶して入力したりすることで、スピードを上げているスタッフも多いと思います。さらには、伝票の複写機能や自動的に反対仕訳が起こせる機能を活用することで、業務効率を上げることも可能となりました。

　ところが、意外に使われていないのが、仕訳のパターンを事前に登録しておくという機能です。発生する仕訳が、毎月同じようなものであるケースは多くあります。これらを事前にパターン登録しておくのです。

　例えば、「売上の計上」という取引を選んだら、

　（借方）売　掛　金　×××　　（貸方）売　　上　×××

という仕訳が自動的に生成されて、後は、日付けと金額を選べば仕訳が完成

パターン登録しておくことで、誰が作業しても同じ結果に！

Before 資料を見て、ゼロから仕訳を作成する

資料

「自分には難しくて仕訳が作れない…」

Aさん

「先月と少し違う科目で仕訳を作成してしまった…」

Bさん

- 能力不足で仕訳を作成できない人がいる
- 人によって科目が違うことがある
- 同じ仕訳を打つ時間がもったいない

After 資料を見て、定型仕訳から選んで作成する

「パターンを選べば仕訳が生成されるので、あとは金額を入力するだけ！」

資料

定型仕訳登録する

「売上の計上」をクリック

↓ 自動生成

(借方)売掛金　×××
　　(貸方)売上　×××

Aさん

Bさん

- 能力が低くてもパターンを選ぶだけでOK
- 登録されているものを選べば誰が入力しても同じ結果になる
- 入力項目が減るので時間が圧縮される

14 仕訳のパターン登録で入力時間が減らせる

するのです。

　定期的に発生する取引のパターンごとに、仕訳のひな形を可能な限り事前に設定しておくと、多くのメリットが生まれます。

✔誰でもできて、誰でも同じ結果になる仕組み

　一番大きなメリットは、会計の知識がなくても仕訳の入力作業ができるようになるということです。経理というと一定以上の知識が必要と思われがちですが、定型的な仕訳についてパターン登録をしておきさえすれば、どのパターンの取引かを判別できれば仕訳が完成するので、専門知識のないアルバイトやパートの方にも仕事を任せることができるようになります。パターンを選択するだけで良くなるので、入力の速度も上がることになります。

　また、たとえ経理知識があっても、人によって仕訳の癖が違うケースもあります。出張旅費がある場合でも、ある人は「出張旅費」という勘定科目で処理をし、ある人は「旅費交通費」という勘定科目で処理をするといったように若干違う処理になってしまうことがあります。もちろん勘定科目マニュアル等で厳密に定めておけばこのようなことは起こりにくくなりますが、それでも判定が個人の判断に委ねられるケースも出てきます。このような場合に、仕訳のパターン登録がなされていて、いずれかが自動的に選択されるようにしておけば属人的な判断によらずに結果は一致してくるのです。

　このような工夫をしておくことで、一定の範囲の業務については誰もがスピーディーにできる仕組みとなるのです。

> Check it!
>
> **仕訳入力の工夫**
> 仕訳パターンの登録以外にも、入力時間を圧縮する工夫として、会計システムの仕訳複写（仕訳をコピー）、反対仕訳（ボタンひとつで反対仕訳を自動的に生成）等の機能の活用があります。

Chapter 4
システム対応編

file. 15
経費精算はシステムで処理をする

> **標準化のコツ**
>
> 経費精算システムは二度手間をなくしてくれる
> 申請する社員、経理の社員のどちらにもメリット

✓ 遠すぎる経費精算の道のり

　会社のために使った費用について、毎週あるいは毎月といった一定の期間ごとに経費精算をされている方も多いと思いますが、これは手間のかかる作業ですよね。電車の料金などは、手帳を見ながら経路を思い出して、その経路の料金をインターネットなどで調べて入力する、なんてことをしているでしょう。

　経理部門の社員の立場でいえば、申請した社員が作成した精算書をチェックして伝票入力しなければなりませんし、精算金を社員の口座に振り込まなければなりません。

　経費精算システムを使わずに経費精算を行う場合の作業プロセスは、概ね次のようになります。

---

①電車代などはインターネット等を使って調べる
②社員が、経費精算書を作成する
③作成した経費精算書を打ち出して上司に承認をしてもらう
④承認された経費精算書を経理部門に回覧する
⑤経費精算書を見ながら経理担当者が伝票入力をする

⑥経費精算額を社員の口座に振り込むために、振込依頼書に記入する
⑦振込をした出金伝票を経理担当者が起票して入力する

　実は、経費精算をするのにこんなに長いプロセスを踏んでいるのです。特に、金額の入力に関しては、申請する社員が経費精算書を作成するのに1回、経理担当者が伝票入力するのに1回、振込をするのに1回、振り込んだ出金伝票のためにもう1回と、都合4回の入力が必要になっているのです。

✓ 経費精算システムの導入で入力回数が激減！

　これだけ入力回数が多いと、時間もかなりかかりますし、ミスも起きやすくなります。そのような無駄を解消すべく、最近は便利な経費精算システムが出てきています。多数のシステムが出てきているので、値段も手頃なものがいくつも出回っています。実際、経費精算システムを導入した場合に便利になるポイントとして、次のような点が挙げられます。

・入力の回数が1回で済むようになっている
・交通費の料金は経路検索サイトと連動しているので算出が簡単
・紙を打ち出さずに自動配信メールで上司や経理部門に承認依頼が可能
・入力されたデータが、仕訳にそのまま反映される
・入力されたデータが、インターネットバンキングの振込データとして利用できる

①社員が、経費精算システムにデータを入力する
②精算額のうち電車代などは経路検索サイトと連動して算出される
③作成した精算書はボタンひとつで上司に送信できる
④上司もボタンひとつで精算書を経理に回覧できる
⑤精算書のデータを仕訳に取り込めるので経理担当者の入力が不要

⑥精算額を社員の口座に振り込むためのデータは、自動で取り込み可能
⑦振込をした出金伝票は自動起票されるので経理担当者の作業が軽減

　社員が入れた情報がそのまま仕訳や送金情報として二次利用でき、経理部門は内容が正しいかどうかをチェックすればいいだけになるので、作業時間も大幅に減ります。また、チェックに集中できるので、精度も上がります。
　経費精算システムを導入すると業務の流れが変わり、効率化が実現します。
　また、申請をする社員も、支払内容を選べば自動的に勘定科目が紐付くようになるので、経理に詳しくなくても勘定科目を間違えることが少なくなります。面倒だった電車代の計算も経路検索サイトと連動しているので、電卓も使わずに簡単に算定ができます。さらに、定期代が支給されている区間は自動的に金額を控除してくれるので、社員の側としては、その分をわざわざ算定する必要もありませんし、経理部門としては過大請求されている申請であるかどうかのチェックもかなり軽減されると思います。
　書類の回覧に関しても、入力した結果が自動的にメールで上司や経理部門に伝達されて、所定のシステムにアクセスすれば承認等ができるので、紙を持って回覧するという手間がなくなり、時間の圧縮がはかれます。
　経費精算システムを導入することで、無駄な二重、三重作業から解放されますので、捻出された時間を他の業務に使うことができるようになるのです。

> Check it!
>
> **経費精算システムの機能**
> 経費精算システムは、仮払処理の機能、海外出張時の外貨建て対応機能などかゆいところに手が届く様々な工夫が施されています。また、クラウド型で出先でも使えるタイプも多いです。

経費精算システムが経理の二度打ちをなくす

Before 申請者が入力した情報と同じ内容につき、経理部門でも再度の入力が必要

申請者（精算書作成）:「電車賃を調べるのって大変。勘定科目もわからないし‥」

上司（精算書承認）:「経理に回覧するのが面倒だなあ」

経理部門（仕訳作成、送金データ作成）:「勘定科目も金額も、また入力しなきゃならない」

- 申請者は定期区間を踏まえて電車賃を調べなければならない
- 担当部門の上長は、部下の提出した金額が正しいのか確認しなければならない上、決裁・回覧の手間がかかる
- 経理部門でも改めて仕訳のために勘定科目や金額を入力しなければならない

After 申請者が入力した情報を、経理部門で利活用できる

申請者（データ入力）:「勘定科目がわからなくても簡単に入力できる！」

上司（データ承認）:「画面の承認だけで済むなんて楽ちん！」

経理部門（仕訳生成、資金送金）:「金額も勘定科目も既に入力済みのものが使える！」

- システムが経路検索を行い、自動で金額が計算される。他にも、定期区間の自動控除、勘定科目との連動、上司へのメール配信などが可能に
- 担当部門の上長は画面で承認を行うだけで済む
- 経理部門では、申請者が入力したデータをそのまま仕訳に利用できる。送金データをもとにした銀行振込や、送金結果の仕訳への自動取り込みも可能

file. 16
部門別損益計算は会計システムを使えば簡単

標準化のコツ

Excelで部門別損益管理をするのは非効率
会計システムの部門別配賦機能を使えば効率的

✔ 丼勘定の会社から、部門ごとの儲けを確認する会社へ

　昔から取引のある、とある社長さんがいます。以前は、月次決算を組んでも会社全体の利益が分かればいいと言っていました。ところが、あるとき、もう少し会社の状況を把握したいので部門別の損益管理を導入したいという要望が来ました。

　かなりおおざっぱな経営者の方でしたが、より高度な判断を下していく場合には、詳細な情報が必要と感じるようになったのだなぁと感慨深く思ったものです。

　このような経営判断に資する手法のひとつが部門別損益管理です。部門別損益管理は、簡単に言ってしまえば、区分された組織単位ごとにどれだけ儲かったのかを数字で算出して、経営判断する手法です。

　ここで算出される主な計算書が、部門別損益計算書です。部署ごとに稼いだ収益から、かかった費用を引いて利益が算出されます。

　売上や経費などの損益項目がどこの部署に帰属するものかが簡単に分かるようであれば、煩雑さはないのですが、帰属が明確でない損益項目をどのように扱うのかが実務を悩ませます。

費用を例に実務上の取扱いで検討を要する事項としては次のようなものがあります。

・どこまで細かく部門に直接帰属する費用として区分させるか
・全社あるいは、「課」の集合である「部」共通の費用をどのように配賦するか
・複数の部門にまたがって発生する費用をどこの部門に帰属させるか

これらの配賦に関してExcelを使って、行っている会社があります。

もちろん、各費用の配賦ルールを決めて、Excelに算式を組めば、配賦計算をしてくれます。そして、配賦後の数値が組織ごと（部門や課といった単位ごと）の部門別損益計算書になります。

ただ、全社共通費用などに関していえば、それを各部に人数比で按分するとした場合でも、期中に新しい部門ができたときなどは、Excelの算式を組み直す必要が出てきます。そのため、実際の現場では、間違った配賦計算をしたま

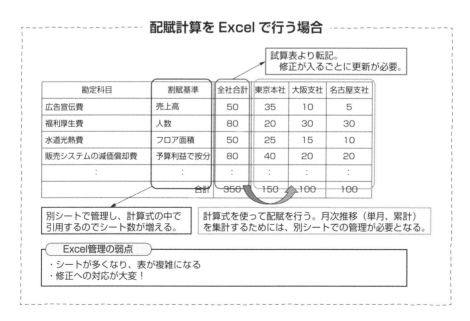

ま役員会等に資料が出てしまっているケースもあります。

　また、数値が確定した後に追加の伝票が入った場合などは、もう一度 Excel で計算をし直す必要が出てきます。修正伝票が入るたびに再計算が必要になり、実務上非常に面倒な作業になってしまいます。

　さらにいえば、Excel で算式を組んでいるので、属人的になっている場合もあり、担当者が変わるとスムーズに引き継げないという課題もあります。このことは、file.03 でも触れましたね。

✔配賦計算を自動化すれば早さと正確さが両立できる

　そこで、会計システムの部門別機能を駆使して対応します。最近の会計システムであれば、部門別の配賦機能が充実しています。

　例えば、勘定科目ごとに配賦の基準を変えることもできます。広告宣伝費は売上高基準、福利厚生費は人数基準といったように費用の特徴に合わせて事前に配賦基準をマスタで設定しておくことで自動的に配賦計算がなされます。

　新しい部署ができた場合でも、新しく部署登録をして、その部署の配賦の基準となる人数等を設定しておけば、配賦計算が実行されます。

　Excel は便利なソフトですが、算式を作り替えなければいけませんし、会計システムの数値が変わっても自動的に計算がなされるわけではありません。

　会計システムに実装されている機能を使う場合、はじめの設定は少々面倒ですが、後は非常に楽になります。

会計システムの機能を使って、部門別PLの作成を効率化！

① 数が多くて、事後的に集計が難しい費用（例：福利厚生費など）
　⇒伝票の部門コードを活用！

会計伝票

金額	借方科目	借方部門	摘要	貸方部門	貸方科目	金額
10,000	出張旅費	営業1課	出張費精算		預金	10,000

伝票入力の際に、部門コードを適切に設定し、会計システムの機能を使って集計すれば、Excel管理は不要になる。

② 部門共通費など、部門に直接、紐付けできない費用
　（管理部門の人件費、諸経費など）
　　⇒会計システムの配賦処理機能を活用！
　　（複数の基準で按分可能）

┌会計システム活用のメリット①┐
仕訳入力時に部門を入れておけば、部門別PLが生成される

✔ グルーピング機能を使うともっと集計が楽になる

　また、部門別損益管理の機能のうち、部署の集計を行うというのも便利な機能です。

　例えば、第一営業部が、第一課、第二課、第三課に分かれている場合、仕訳伝票を入力する際は、最小単位の課ごとに入力をしていきます。

　こうすることで、課ごとの利益が部門別に算出されますが、第一営業部の合計の利益を見たいというニーズも出てきます。これについても、通常の会計システムであれば、事前に設定しておくことによって部としての合計値を自動的に集計して表示できるのです。

　このような機能を有効的に使いこなせば、Excelはなくても事足ります。

　実際の経理の現場を見ていると、部門別の損益管理機能がある会計システムを導入していても、その機能を使っていない会社がまだまだあります。

　はじめの一歩に取り組んで、是非とも効率性を勝ち取って欲しいと思います。

グルーピング機能を使って、集計作業を楽にしよう！

- 複数の階層を集計できる
- 最小単位の集計を行う機能がある
- 最小単位で伝票入力は行う

```
営業部 ─┬─ 営業第一課 ─┬─ 第一チーム
        │              ├─ 第二チーム
        │              └─ 第三チーム
        ├─ 営業第二課 ─┬─ 第一チーム
        │              ├─ 第二チーム
        │              └─ 第三チーム
        └─ 営業第三課 ─┬─ 第一チーム
                       ├─ 第二チーム
                       └─ 第三チーム
```

会計システム活用のメリット②
グルーピング機能を使うことで、組織の部ごと課ごと等の様々なユニットの集計がExcelを使わずにできる

Check it!

直課と配賦

部門別計算に際し、個別の部門に直接に紐づけられる損益は直接当該部門に賦課され（「直課」）、複数部門に共通して発生する損益は一定の基準で各部門に計上されます（「配賦」）。

16 部門別損益計算は会計システムを使えば簡単　73

file. 17
プロジェクト別の損益を出してマトリクス経営の実現を

> **標準化のコツ**
>
> 部門以外にプロジェクトの軸からも損益を掌握
>
> プロジェクト別採算管理も会計システムを使って実現

✓ サービス業でもプロジェクト損益管理が必要な時代です

　file.16 では、部門別損益管理についてお話をしました。

　最近相談が多いのが、部門別の損益管理と同時にプロジェクト別の損益管理ができないかという相談です。部門という軸とは別に、プロジェクトという軸からも損益を把握したいというニーズです。

　社員の働き方も、部門に属しているという面の他に、いくつかのプロジェクトに属しているという二面性をもつようになってきており、経営者にとっても二つの軸から会社の業績判断をして、マトリクス経営に対応していく必要が生じているのです。

　一つのプロジェクトを一つの部門だけで完結するのであれば、部門別損益計算書を作成しさえすれば良いのですが、部門を横断して一つのプロジェクトが完成するような場合には、部門別の採算以外に、プロジェクトとしての採算が分からなければ片手落ちといえます。

　このようなニーズは、かつては、建設業の会社が現場ごとの採算を必要としたり、製造業の会社が製品ごとの儲けを必要としたりといったように、一部の

業種に限られていました。

しかし、最近ではIT系の会社がソフトウェアの案件別、ゲームのタイトル別の損益を知りたいとか、コンサルティング会社が発注された案件ごとの採算の情報の必要性を感じたり、といったようにサービス業の会社からのニーズが旺盛です。

そのため、これらのニーズをどのように実現していくかが課題となっています。

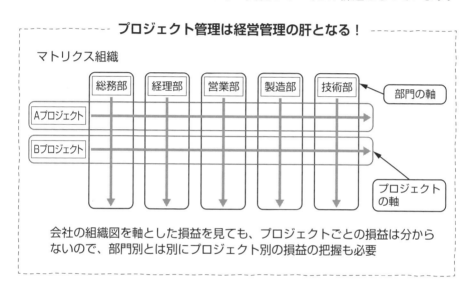

✓ プロジェクト管理でも会計システムをフル活用！

このニーズに関しても、Excelを駆使して集計している企業もあります。

例えば、伝票を入力する際に摘要欄にプロジェクト名を入力しておいて、仕訳データをエクスポートして、摘要欄に入っているプロジェクトコードをキーに集計をかけて、プロジェクト別の損益を出しているといったやり方です。

ただ、このようなやり方の場合、部門別損益計算書の作成をExcelで実施するのと同じで、かなり手間がかかり、あまり生産的とはいえません。

最近では、会計システムの中に部門別とは別に、プロジェクト別に損益を集

計できる機能を持っているものも出回っています。

　このようなシステムを使うと、伝票入力時に部門コードの他にプロジェクトコードを入力しておけば、プロジェクト別の損益を会計システムの中で算出できるのです。伝票で入力する項目は一つ増えますが、その分Excelで集計したり、配賦したりする必要はなくなりますので、結果として非常に生産性が向上します。

　また、初期の設定さえしてしまえば、誰が担当しても容易にプロジェクト別の損益計算書を作成することができますので、標準化も同時に実現したといえます。

　今後、企業が経営判断をスピーディーに行っていくためにもプロジェクト別管理は必須になりつつあります。ただし、導入する場合は、会計システムでできることは会計システムにやってもらうようにして効率化を追求しましょう。

プロジェクト別損益に会計システムを活用したらこんなに変わる！

Before　会計システムの機能利用前

部門別の集計を取るとプロジェクト別の集計が取れない

- 摘要等に入力していたプロジェクト名をキーに、エクスポートした会計データからExcelを利用して、プロジェクトごとの損益を把握
- 会計データが変更になる都度Excelで集計し直しが必要

After　会計システムの機能利用後

会計システムにデータをエントリーする段階で、部門コードとプロジェクトコードを同時に入力

- 部門別のPLの他にプロジェクト別のPLが自動生成される
- 会計データが変更になっても、プロジェクト別のPLが自動生成され、Excelを使う必要もなくなる

Check it!

マトリクス組織
社員が、プロジェクトと部門のように複数の異なる組織構造のタテ・ヨコの関係に属し、多元的な指揮命令系統のもとで、ビジネスの多様化に対応するために活用されている組織です。

17 プロジェクト別の損益を出してマトリクス経営の実現を

file. 18
販売管理システムを使い倒す

標準化のコツ
販売管理システムを導入して売掛金滞留リストを作成
システムの仕様が自社のニーズに合うかをチェック

✓ Excel で請求書を発行していませんか？

　経理の現場でもあまり効率的に進んでいないのが売掛金の請求管理の分野だと思います。

　売掛金の管理は、請求書を発行し、その後に入金された金額の消し込みを行うのが主な業務です。

　現場で多く見られるのが、まず請求書の発行が会社でひとつのフォーマットで決まっておらず、部署ごとに Excel 等を使って、発行しているケースです。発行した後の請求書の控えやデータを経理部門に渡し、それをもとに経理部門では伝票入力をしています。データで入手して、データを会計システムに取り込んでいればまだ効率化がはかれていますが、各部各様の請求書を見ながら手で伝票入力している場合はそれなりの時間がかかることになります。

　次に入金した時の処理ですが、ひどいケースですと、どの請求の分かを個別に消し込んでいないことがあります。この場合、現在残っている売掛金がどの請求分かが不明となっています。

　あるいは、Excel で相手先ごとに売掛金残高のリストを持っておいて、そのリストを消し込んでいることもあります。リスト上の金額と決算書上の売掛金

残高が一致しない場合も少なくありません。入金したときに会計システムに伝票を入力する作業とExcelの売掛金の残高リストを消し込む作業が別々なので、ズレが生じても気がつかないのです。また、毎月末に、Excelのリストと会計システムの売掛金残高とを照合するという作業を怠っていることもその要因のひとつです。

このように管理していると、売掛金の滞留リストが自動的に作成されません。滞留リストを作っていない会社もありますし、作ったとしても正確性を欠いているために、結果として未収の督促が遅れることになってしまいます。

✔ 販売管理システムを導入したら

このような問題を解決してくれるのが、販売管理システムです。

販売管理システムでは、受注を含めて、請求書の発行、入金があったときの請求単位での個別消込み、滞留売掛金リストの作成といった業務がまとめて実行可能になります。

また、売上計上の伝票は会計システムと連携をはかることで取り込むことができますので、その点の効率化も実現します。

連携がはかれていれば、販売管理システム上の売掛金残高と会計システム上の売掛金残高とは一致しますので、基本的に販売管理システムの売掛金の中身を精査すれば自ずと会計処理も正しくなってきます。

販売先が少ないような会社であれば、わざわざ販売管理システムを導入しなくても良いかもしれませんが、ある程度の販売先がある場合は、導入を検討することで効率化がはかれると思います。

ただし、請求業務は各社ごとの商取引等の特徴で各社各様の面がありますので、導入を検討する際は販売管理システムが自社のニーズに対応できるかどうかをきちんと見定めることも重要です。

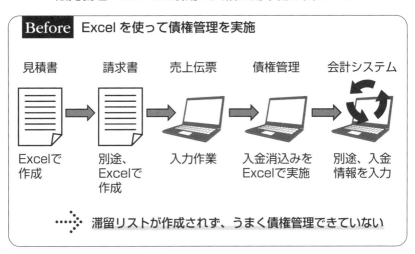
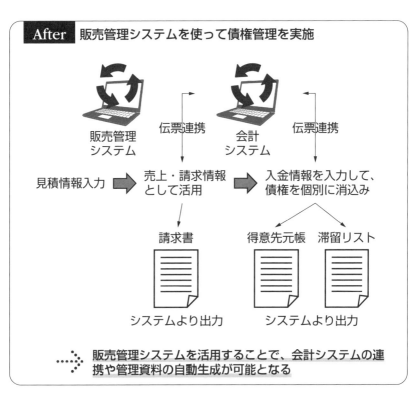

Check it!

販売管理システム
請求書の発行や入金消込みだけでなく、見積、受注管理もできます。また、管理帳票として、得意先元帳や滞留債権リスト、売上 ABC 分析資料、予算実績比較表なども出力できるシステムが主流です。

file. 19
購買管理システムを使い倒す

標準化のコツ

発注データを会計に使える購買管理システムを使う
5回の入力が1回の入力で済むよう合理化を進める！

✓ 業務完了までに何回入力するか

　外部に発注をして、モノやサービスを購入し、支払処理をする場合にどのような手続きで事務処理をしていますでしょうか？

　購買管理システムを使わないで処理をしていますか？　使わずに処理をしている場合は、概ね次のような業務プロセスになっていると思います。

> ①発注部門に「請求書」が到着する
> ②発注部門で「支払申請書」を作成する
> ③発注部門から経理部門に「支払申請書」と「請求書」が回覧される
> ④経理部門で買掛計上の仕訳伝票を入力する
> ⑤経理部門の出納部署で支払処理をするために管理用の支払予定表に入力した上で、振込データを作成して、振り込む
> ⑥経理部門で振込の結果を受けて、預金の取崩しの支払伝票を入力する

　上記の作業をひとつひとつ別々に実施すると同じ数字を何回打っているでしょうか。

支払業務の効率化を推進しよう

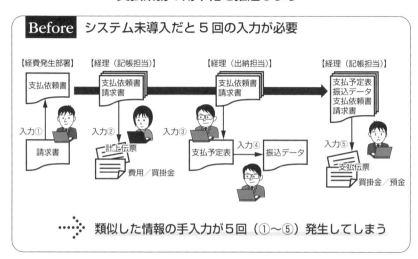

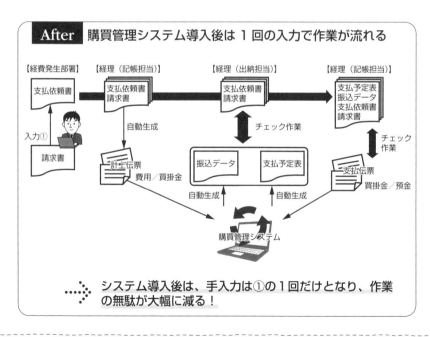

「支払依頼書」で1回、「買掛計上伝票」で1回、「支払予定表」で1回、「振込データ」で1回、「支払伝票」で1回。

実は、5回も入力をすることになるのです。入力回数が増えると当然余計な作業時間が増えますし、ミスが発生する可能性も高くなるでしょう。

✔ 5回から1回に劇的なカイゼン！

このような無駄をなくしてくれるのが、購買管理システムなのです。

購買管理システムを導入し、会計システムと連携をはかった場合、基本的に数字の入力は1回で済みます。発注段階で金額を入力したら、その後は、次のような流れになります。

①システム上で請求額の承認
②経理部門で買掛伝票としてデータの取込み
③支払データとして支払予定表に集計され、振込データを生成
④振込後に、支払伝票が自動生成

もちろん、データを選択して承認したり、取込みの作業をしたりと手を動かすことは必要になりますが、はじめに入力された金額がその後の処理に利用されるようになりますので、作業効率は格段に上がります。

さらに、file.21でお話しするワークフローを導入するとさらに効率化を図ることができます。

Check it!

在庫管理
購買管理システムには、在庫管理を行う機能がついているものが多く、期末の理論在庫数や金額が算出されます。
在庫の評価は、総平均法や移動平均法で算出が可能です。

file. 20
銀行に行く時間をなくす

> **標準化のコツ**
> インターネットバンキングを利用して銀行に行かない
> 銀行取引データを取り込んで、入力の手間を減らす

✓ 銀行の窓口で待つことの無駄

　経理部門の社員の時間で、無駄な時間ワースト3に入るのではないかと思うのが、銀行に行って振込をするという時間です。銀行で振込作業をしたことがある方なら分かると思いますが、たとえ1件の振込をする場合でも、銀行の窓口に行って振込が終わるまでかなりの時間がかかりますよね。

　銀行が会社の目の前にあれば良いですが、多少なりとも到着までに時間がかかりますし、到着したとしても、まずすぐに窓口に行けることはないですね。たいてい待たされます。それから窓口で処理をしてもらいますが、件数が多ければそれも時間がかかる原因のひとつとなります。やっと終わってもまたそこから会社までの道のりがありますので、振込のために何時間使うのでしょうか。

　月に数回の振込があったら、間違いなく月に10時間以上は銀行の往復に時間を使っていることでしょう。明らかに時間の無駄ですね。

✓ インターネットバンキングが時間を生む

　今は、インターネットバンキングを使うことでこの大いなる無駄から解放さ

銀行に行く時間をなくして、他のことに時間をあてよう

Before 銀行窓口で支払手続きを行う

- 通帳と印鑑を持ち歩くため盗難リスクがある
- 往復する時間や待ち時間で、かなりの時間のロスが生じる

After インターネットバンキングを活用して銀行に出向かないスタイルへ

- オフィスの中だけで送金手続きが完了するので、大幅に時間の短縮になる
- インターネットバンキングのほか、電子納税や自動振替サービスの活用も可能

れます。もちろん利用料金がかかりますが、利用しない場合に失う時間を考えたら充分にモトが取れます。

　振込依頼書に手書きで書く場合は、毎回金額以外に振込先を記入しなければなりません。それが、インターネットバンキングを使うようになると、一度取引先の情報を登録すれば、翌月以降は、登録情報をそのまま使えるので、金額を打ち替えるだけで済みます。さらに、会計システムから振込金額をインポートすれば金額を打ち込む必要もありません。

　インターネットバンキングを導入しても納税などは窓口に行かなければ振込ができませんでしたが、最近は電子納税も利用しやすくなり、窓口に行かなくとも支払手続きが完了するようになりました。公共料金も引き落としにすれば同様に窓口に行かなくて済むようになりましたので、いっさい銀行に行かなくても支払処理が済むようになってきているのです。

　まだ、導入をしていない会社があるようでしたら、時間を買うと思って、利用を検討してみてください。ただし、最近はインターネットバンキングが悪用されて不正送金の事故も起きています。各銀行がワンタイムパスワードや専用ソフト等でそのような犯罪に巻き込まれないように対策を打っていますので、導入後は必ず速やかに対応するようにしてください。

　インターネットバンキングのもう一つの利点は、銀行の取引履歴をデータとして取り込めるという点です。預金通帳しかない場合は、通帳を見ながら会計システムに伝票を入力していたと思いますが、銀行の取引データを一部の会計システムであれば取り込むことができるので、入力の手間がかなり減ります。

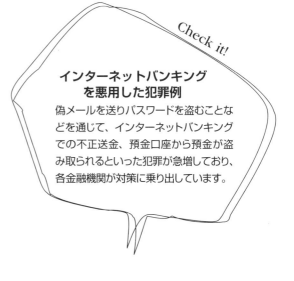

Check it!

インターネットバンキングを悪用した犯罪例

偽メールを送りパスワードを盗むことなどを通じて、インターネットバンキングでの不正送金、預金口座から預金が盗み取られるといった犯罪が急増しており、各金融機関が対策に乗り出しています。

file. 21

ワークフローシステムの導入でペーパーレスが実現

標準化のコツ

ワークフローシステムを導入する

ペーパーレスが実現したら、紙代も倉庫代も不要

✓ 稟議書の説明にかかるコストは低減できる

社内の決裁をするにあたって、稟議書を使っている会社は多いと思います。

稟議書は、承認が必要な議案を記載する書面です。例えば、固定資産を購入する場合に、購入する目的、投資の効果、投資額、投資の実行日などを記載します。それらの内容を吟味して上司が判断を下します。組織によっては、この判断を下すべき人の数が10人以上となることもあります。

中小企業の場合でも、申請部門の課長、部長、担当役員といった面々に書類を回覧して印鑑をもらった後に、経理等の管理部門に書類を持ち込んだ段階では、印鑑の数は10近くになることも珍しくありません。

また、稟議書のファイルですが、書面で回覧しますのでかなりの量になって、数年分を会社に置いて、残りは倉庫などで保管しているケースもあります。こうなると紙代も馬鹿になりませんが、倉庫の保管費用も馬鹿になりません。

こうした無駄をなくすために、最近では紙の稟議を廃止して電子稟議に変更

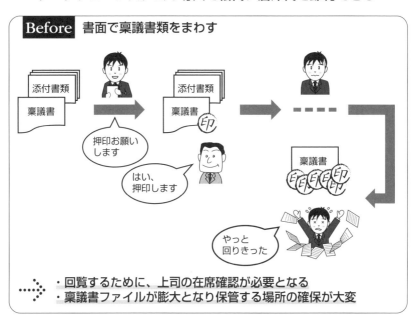

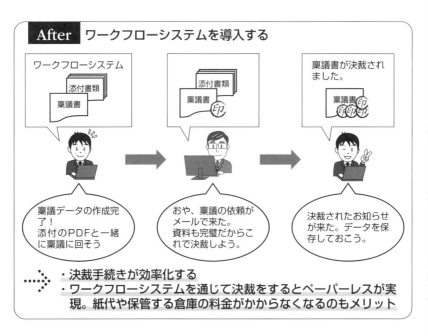

している会社も増えています。

✔ 電子稟議を行うメリット

　電子稟議を導入すると、ペーパーレスで稟議手続きを進めていくことになります。これは、一般的にワークフローと呼ばれているシステムを導入することで実現できます。

　ワークフローシステムを導入すると、あらかじめ定められた決裁ルートに従って、電子化された稟議書が決裁者のもとにメールで知らされます。

　決裁者は、パソコンの画面で所定のメニューを開いてシステム上承認手続きを行います。

　決裁者がシステム上で承認を行うと、次の承認者に、メールで稟議がまわってきた旨が通知されます。このように今までは歩いて決裁者に印鑑をもらいに行っていた作業が、全てパソコンを通じて行われることになります。

　紙を印刷しないことでペーパーレスが実現しますので、紙代を気にする必要はありませんし、保管をする倉庫代のことも気にしなくて済みます。

　業務の効率化を推し進めるために、電子稟議を導入する企業が増えています。

Check it!

ワークフローシステム
稟議の回覧や経理申請、人事申請といった事務処理の一連の流れをシステムに組み入れたもので、これによって業務の自動化が進められ、円滑に業務がまわることが期待されます。

file. 22
請求書の作成もペーパーレスで

> **標準化のコツ**
>
> 請求書の発行をペーパーレスにする
> 地球にやさしく、コストも安くなる

✔ ペーパーレスがもたらす効用

　皆さんの会社では、お客様に提出する請求書は郵便で送付しているでしょうか。請求書を送る作業を何とか軽減したいと考えたことは、ないでしょうか？
　請求業務を軽くする方法があります。それは、「請求書を紙で送らない」ことです。
　請求書を送らなかったらお客様からお金をもらうことができなくなるのではと思われたかもしれませんが、送らないのではなく、ペーパーレスにしてしまおうという発想です。
　紙を打ち出して請求書を発送している場合は、請求書の印刷・封入という作業が大きな手間であり、多くのスタッフの時間を割いている会社もあります。また、郵送するにあたっては、印刷する紙代のほか、郵送代もかかります。
　そこで、インターネット上に得意先専用のページを作って、得意先だけが請求書を見られるようにするのです。こうすることで、印刷・封入といった作業をする時間をなくすことができるとともに、印刷代や郵送代もかからなくなるのです。また、紙や郵送のために使われる車等の排気ガスも出なくなることを考えると、地球環境の保全にもつながってきます。
　さらに、今まで打ち出して保管していた請求書の控えを電子データとして保

請求書のペーパーレス化はこんなにメリットがいっぱい

Before 紙で請求書を発行していると…

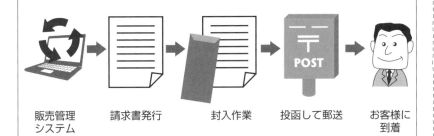

販売管理システム → 請求書発行 → 封入作業 → 投函して郵送 → お客様に到着

- 紙代、郵送代がかかる
- 印刷や封入に人手というコストがかかる

After Web上で請求書が閲覧できるようになると…

販売管理システム → Web公開システムに請求書データをアップロード → Webで請求書を閲覧可能 → お客様がダウンロードして閲覧可能

- 紙代、郵送代がかからない
- 印刷や封入に割いていた時間がなくなる
- 受け取る側で早く請求書を確認できるので処理が早くなる

存しておくことも可能なので、この場合、保管コストも削減できます。

請求書発送に人手を要していた会社であれば、これらのスタッフの人件費を削減できたり、別の業務に振り向けることが可能となります。

✓ 請求書を受け取る側にとっても決算早期化につながる

インターネット上で請求書を見られる仕組みは、何も請求書を発行する会社だけにメリットがあるわけではないのです。

実は、請求書を受け取る側にとっても大きなメリットがあるのです。

それは、**「月次決算を締めるのが早まる」**ということです。

郵送で請求書を受け取っていた会社であれば、発行する会社が準備するのに仮に1日を要するとして、郵送に2日程度かかるとした場合、手元に請求書が来るまでに3日はかかってしまいます。それが、インターネット上で請求データを閲覧する仕組みを利用すると、請求データが確定したその日に請求書を見ることができます。3日程度早めに請求データを確認できるということは、その分だけ早めに月次の決算を締めることができるようになるのです。

今までだと「早く請求書を送って下さい」などと請求書を送付する側に依頼をしていた場合も多かったと思いますが、そのようなことをしなくても良くなります。

請求書のペーパーレス化は、請求書の発送側、受け取り側のどちらにとってもメリットが出るWin-Winな仕組みです。是非とも検討してみて下さい。

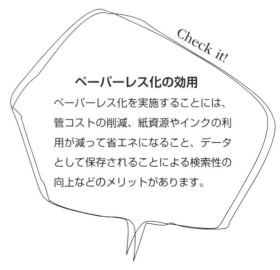

Check it!

ペーパーレス化の効用

ペーパーレス化を実施することには、管コストの削減、紙資源やインクの利用が減って省エネになること、データとして保存されることによる検索性の向上などのメリットがあります。

file. 23
クラウド会計でスピード感が増す

> **標準化のコツ**
> 外部とデータの同期をはかって時間を買う
> ソフトのアップデートをしなくても最新の法制度に対応

✓ 同期していないデータを使うと結構大変

　税務申告や会計処理の一部を会計事務所にお願いしている会社もあるでしょう。

　その場合、購入した会計システムをパソコンのハードディスクにインストールして、それを利用しているケースも多いと思います。

　この場合は、外部の会計事務所とやりとりをするにあたっては、会計事務所のスタッフに会社に来てもらって、会計データを見てもらうか、ハードディスクにある会計データをメールに添付等して会計事務所に送付し、データを見てもらうことになると思います。

　訪問を受けることになる前者のパターンですと、お互いに予定を合わせるところから始まって、当日は場所を確保したり、会計事務所のスタッフが会社内で作業をしている時は作業を中断しなければならなかったりと、時間の使い方としては有効とはいえないですね。

　データを送付する後者のパターンの場合は、会計事務所のスタッフにデータを見てもらうので、座席の確保や時間の調整は不要ですが、もしも会計事務所の方でデータを修正する場合は、それが終わるまで会社の方で会計データを修

正することができなくなります。この時間が会社にとっては待ち時間になってしまう可能性もあります。

　もちろん、修正分だけのデータを会社の会計システムに反映させるやり方もありますが、データの受け渡しでミスが起こりやすく、間違ったデータを取り込んでしまったり、古い会計データに修正データを反映させてしまったといった例は枚挙にいとまがありません。

✓ クラウド会計を導入すると時間が生まれる

　そのような課題を解決するのが、「クラウド会計」です。

　「クラウド会計」とは、会計システムをハードディスクにインストールすることなく、インターネット上で会計処理をする仕組みです。データを管理するサーバも会社にあるのではなく、外部のクラウド会計を運営する会社のサーバを利用することになります。

　クラウド会計を利用するメリットとしては次のようなことがあげられます。

① インターネット回線が利用できる場所であれば、どこからでもアクセスできる
② 外部とのやりとりにあたって会計データがリアルタイムで同期される
③ 定期的に会計システムを購入したり、更新したりする必要がなく、最新の法令等に基づいた最新のバージョンに更新がされる
④ サーバを会社で保有する必要がなく、システムの要員を置かなくてもよい
⑤ データのバックアップを都度行う必要はなく、サーバも外部の安全性の高い場所に通常あるので消失のリスクは低い

　①や②のメリットがあることによって、従来型の会計システムで無駄になっていた、外部とのやりとりの効率化がはかれます。例えば、会計事務所のスタッフが会計事務所内においてクラウド型の会計データを見て、修正箇所があ

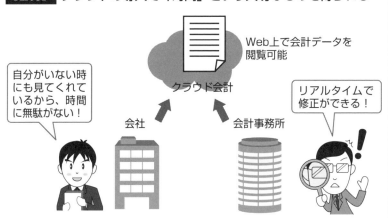

る場合、会社の方に電話をして、確認しながら遠隔で修正作業ができます。

　③のメリットがあることによって、消費税の税率が変更になった場合のように制度へ対応しなければならないときや、より機能面でバージョンアップがなされた場合でも、従来型のシステムを利用している場合は、バージョンを変えるといったことを使う側が意識をしなければなりませんでした。一方、クラウド型の場合は基本的に新しい機能を持ったバージョンに更新がなされますので、使う側はその点について気にする必要がなくなり、経理の知識レベルが高くないスタッフでも対応が可能になります。

　さらに、セキュリティ面に関してもサーバの管理を外部の専門家に依頼する形になるので、データの保守に神経をとがらせなくても良くなりますし、社内に専用のスタッフを配置しなくても良いので費用対効果が高くなるケースが多いと思います。

　このようにクラウド会計を導入することで、情報のやりとりを即座にできる、すなわち時間を買うことができるのです。また、会社はデータの管理をするといったことから解放されます。

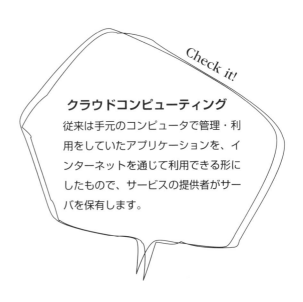

Check it!

クラウドコンピューティング
従来は手元のコンピュータで管理・利用をしていたアプリケーションを、インターネットを通じて利用できる形にしたもので、サービスの提供者がサーバを保有します。

Chapter 5
応用工夫編

file. 24
勘定科目のマスタ設定はこんなに使える

> **標準化のコツ**
>
> 勘定科目マスタは工夫の宝庫
> マスタ設定を行えば、大幅に時間圧縮がはかれる

✓ マスタ設定をする意味

経理の現場で決算処理においてよく見かけるのは、次のような事象です。

① 会計システムから出てきた試算表を Excel で組み替えてから決算書の科目に集計している
② 消費税の税額を算出するのに、会計システムから出てくる消費税の税額自動集計の数値が使えないので、別途 Excel で消費税の集計を行っている
③ 補助科目を設定しておらず、総勘定元帳から別途 Excel で内訳書を作成している

どの作業もこなしてしまえば、特に結果は変わりのないものになるような内容です。でも、実はこれらには、全て共通する解決策があるのです。
それは、**「勘定科目のマスタ設定を工夫して設定する」**ということです。
例えば、①はどのような工夫をすれば良いでしょうか。
多くの会計システムには、勘定科目に、「決算書集計科目」といったマスタ

があります。月次の試算表では「現金」と「預金」というのは別の勘定科目で表示をさせていても、決算書で表示する際は、「現金預金」といったような集約した科目名で表示している会社も多いでしょう。このような場合に、「決算書集計科目」マスタを設定するのです。

「現金」と「預金」勘定は、決算書上は「現金預金」に集約されるように設定します。そうするとExcelでの組み替え処理をすることなく、自動的に決算書表示が会社の希望通りになるのです。

✔ マスタ設定でExcel集計が不要に

また、②のような事象に関しては、各勘定科目に借方、貸方別に「消費税コード」を設定し、その設定を活かすことで解決できます。

事前に各科目に消費税コードを付けておくことで、仕訳伝票を入力して、科目を選ぶと自動的にマスタ登録されている消費税コードが選ばれることになります。例えば国内交通費という勘定科目に対して、借方、貸方とも消費税が「課税仕入8％」という区分を登録しておけば、この科目を選ぶと自動的に8％の消費税がかかっている取引と認識されます。

会計システムでマスタ設定をそのようにしておけば、決算時は科目ごとに合計された消費税の積み上げ合計をもとに消費税額が計算できますので、改めて消費税関連の総勘定元帳のデータを持ってきて、Excelで集計をかけるといった必要はありません。

事前にこのような設定をしておらず、消費税コードを意識せずに伝票入力をしていると、決算時に別途集計をするといった無駄な作業をしなければならなくなります。

なお、取引内容によっては、当初マスタ設定した消費税コードとは異なる取引となる場合もありますが、そのような場合は、伝票入力時に消費税コードを伝票上で修正することによって、決算時に正しく消費税を計算できるようになります。

最後に③の課題についてですが、会計システムにある「補助科目設定」の機能を使えば、簡単に解決できます。

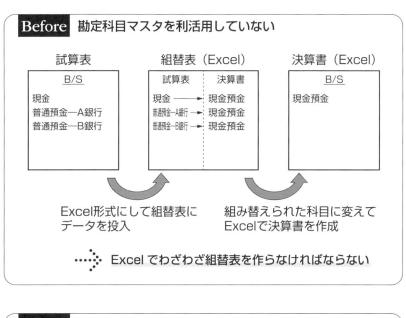

24 勘定科目のマスタ設定はこんなに使える

例えば、「預り金」という総勘定科目を「源泉税」、「住民税」、「健康保険料」、「厚生年金保険料」といった内容に区分したい場合は、補助科目設定で各内容を事前に設定します。その上で、「預り金」勘定の仕訳伝票を入力する都度、どの補助コードに該当するのかを選んで入力しておきます。

そうすることで、各補助科目の残高が自動で集計されるようになるのです。

このように、勘定科目のマスタを事前に適切に設定しておけば、決算の作業の際に無駄な集計作業をする必要がなくなります。

Check it!

会計システムのマスタ設定
勘定科目マスタ以外に、消費税、取引先、部門、セグメントなど様々なものがあり、これらをいかに工夫して設定するのかということが標準化の肝となります。

file. 25
固定資産の二重管理を効率化する

> **標準化のコツ**
> 会計と税務で償却計算が異なる場合は、システムを活用
> 二度打ちをなくすと、ミスが減り、時間も節約可能

✓ 固定資産台帳の二重管理の攻略法

　固定資産の減価償却に関して、会計上で計上すべき金額と税務上で計上すべき金額が一致しているケースが多いと思いますが、実務上は両者が異なっている場面にも直面します。

　会計と税務とで違った償却方法を採用するケースや、使用する耐用年数が両者で異なるケースなどにおいて、会計と税務で金額が不一致となります。ここでは、耐用年数が異なるケースでお話をします。

　税務上は法定耐用年数というものがあるので、どの年数を適用するのかというのは資産が決まると自ずと決まってきますが、会計上、計上すべき減価償却費を算定する際に使う耐用年数は、法定耐用年数と比べて長い場合や短い場合があります。

　例えば、法定耐用年数が30年の建物を会社が購入したとしても、その建物を20年後には取り壊さなければならないことが決まっているときには、会計と税務とで適用する耐用年数は異なってきます。

　この場合、
・会計では実際の使用見込年数の20年

・税務では利用期間に関わらず法定耐用年数の30年の耐用年数を使って減価償却費を計算します。

経理の実務では、両方の計算を行う必要があります。なぜなら、会計の数字は決算に使う数字として、税務の数字は税金計算に使う数字として算出が必要になるからです。

このような場合に実務上どのように計算をしているのかですが、あまり効率的でないやり方として、二つの固定資産台帳に登録する方法があります。

具体的には、会計用の固定資産台帳と税務用の固定資産台帳のそれぞれに同じ建物を登録します。それぞれの台帳の中で、耐用年数だけはそれぞれに適用される年数を登録します。

つまり、二度同じような登録作業が必要になるのです。

その上で、両者の計算を比較して税務計算において差額の調整を行うことになります。

両者を比較するにあたって、それぞれの取得価額の合計額が一致していなければ償却計算の差額も正しい計算がなされませんが、実務上は二度登録する際に、片方の登録を忘れたり、登録する金額を間違えたりするといった人為的なミスも見られます。

減価償却計算を固定資産の専用システムで行っていればまだ良いのですが、Excelで固定資産台帳を作成しているようであれば、計算を間違えてしまう可能性も高まります。というのも、昨今は税法の改正で減価償却費の計算方法が複雑になってきているからです。以前まではExcelで減価償却計算をしていた会社も、限界を感じて、専用の固定資産システムに切り替えるケースが増えているほどです。

✔一発で登録できたら、かなりの作業負担軽減に！

では、このように会計と税務とで減価償却費の計算が異なる場合にどのように管理をしたら良いのでしょうか。

固定資産システムを活用することでこの問題が解決できます。ひとつの固定資産に対して複数基準で計算をしてくれる固定資産システムがリリースされており、この機能を活用すれば、一度の入力で会計用と税務用の減価償却費が算出されます。

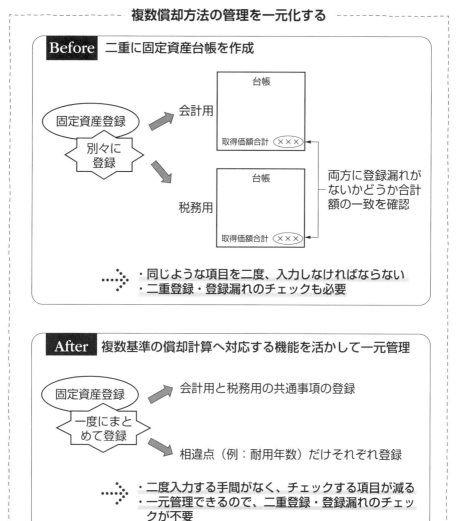

複数償却方法の管理を一元化する

ひとつの資産登録をする際に、会計用の年数は20年、税務用の年数は30年と入れればいいのです。二度入力する必要がないので、取得価額の合計を一致させるというチェックをする必要はありません。

　減損を実施している会社でも、同様に会計と税務とで減価償却計算が異なることになります。また、外資系の日本法人の場合に日本の会計基準と親会社報告用の海外の会計基準とで計算方法が異なるケースも同様です。
　今までこのような場合に二つの台帳を作成していたようであれば、作業の見直しを検討してみてはいかがでしょうか。

Check it!

固定資産台帳の二重管理

外資系の企業の場合は、通常本国での償却方法と日本における償却方法が異なっているので、二重に管理をする必要がありますが、できるだけ一つのシステムで管理した方が楽です。

file. 26
法人税の申告書へ転記できるように帳簿を作る

> **標準化のコツ**
> 税務申告書を意識した帳簿作りをしよう
> 補助科目設定を工夫して帳簿から転記するだけで OK

✓ 税理士さんに丸投げすることで効率化の枠外になっていないか

　会社の経理は自社で行っていますが、法人税の申告書は税理士さんにお願いしているという会社は多いと思います。その中には、税務は難しいからといって丸投げしてしまっている会社もあるのではないでしょうか。

　そのような会社によく見られるのが、帳簿が法人税の申告書を作りやすい構造になっていないというケースです。

　こうした場合、申告書を作る税理士さんは、必死に会社の帳簿を見て、そこから申告書を作成するのに必要な情報を探し出すことになります。そういった場合、かなりの工数がかかるので、申告書を作成してもらうための報酬が多額になってしまうかもしれません。

　申告書を作成するために必要な情報としては、例えば、次のようなものがあります。

・消耗品費の勘定で処理したものの中にある、3年一括償却資産で一括損金処理した金額

- 租税公課の勘定の中にある、加算税や延滞税といったペナルティとして支払った税金
- 寄附金のうち、国や地方公共団体、特定公益増進法人等ごとに支払った金額

✔「補助科目」を使えば簡単に申告書が作成できる

　3年一括償却資産を3年で償却せずに一時の損金で処理した場合は、別表16（8）を通じて、税務調整を行います。また、加算税や延滞税といった税金は損金になりませんので、別表5（2）を通じて税務調整をする必要があります。

　寄附金は支払った相手先別に損金算入できる金額に違いがありますので、別表14（2）で区分記載して、損金算入限度額を計算します。

　帳簿から税金計算に必要な情報をどのように拾ってくるのかが重要となりますが、実務上最も使われている方法が、勘定科目の「補助科目」を使うという方法です。

補助科目を使うと申告書作成に便利な科目がある

■消耗品費勘定に含まれる一括償却資産勘定の発生金額
　　⇒　別表16(8)（一括償却資産の損金算入に関する明細書）作成の効率化！

■租税公課（加算税、延滞税等）
　　⇒　別表5(2)（租税公課の納付状況等に関する明細書）作成の効率化！

■寄附金の区分（国等、特定公益増進法人等）
　　⇒　別表14(2)（寄附金の損金算入に関する明細書）作成の効率化！

　file.24の勘定科目のマスタ設定のところでお話ししましたが、補助科目設定を使うことで総勘定科目の中身を細分化できます。

補助科目を使うと税務申告書の作成が楽になる

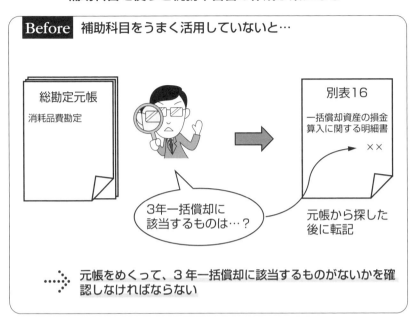

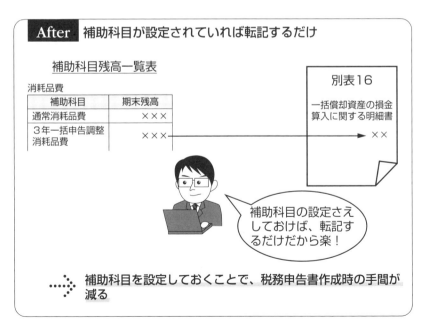

例えば、先程の例で消耗品費に関していえば、一時に損金となる消耗品と一時の損金にならない３年一括償却資産とを区分して補助設定しておけば、申告書を作成する段階で、後者の一時の損金にならない金額を別表16（8）に転記すれば良いだけとなるのです。
　補助科目を活用することで、申告書を作成する時に、帳簿と格闘することなく転記をするだけで作業が進むのです。
　こうすることで、申告書作成にあたり、ミスも減るでしょうし、時間も削減されます。
　勘定科目マスタ設定を税務の申告書を意識して行うかどうかが、大きな違いとなってくるのです。

Check it!

税務申告用のソフト

会計システムとは別に税務専用のソフトがあります。税理士さんに丸投げでお願いしているのでなければ、会社で保有しているはずです。実際の税金計算を会社で行い、その結果を税理士さんに確認してもらっている会社もあります。

file. 27
交際費は区分しておかないと大変なことに

> **標準化のコツ**
>
> 交際費は必ず補助科目で区分しよう
>
> 5,000円基準で社外飲食等を区分して別表に転記

✓ 交際費は内容ごとに損金になるものとならないものがある

　勘定科目の補助区分をしておくと非常に便利となる科目のひとつとして、交際費が挙げられます。

　交際費については、大企業かどうかによって損金算入限度額の取扱いは異なりますが、企業規模に関わらず、交際費の内訳を次のような種類ごとに区分しておく必要があります。

・社外の人との飲食費のうち一人当たり5,000円以下のもの
・社外の人との飲食費のうち一人当たり5,000円超のもの
・社内の人との飲食費
・飲食費以外の交際費
・交際費科目で処理しているが、税務上交際費にならないもの
・交際費以外の科目で処理しているが、税務上交際費に該当するもの

　特に社外の人との飲食費については、把握しておくことで税金上のメリットを享受することができるので、きちんと把握する仕組みを作ることが重要です。

✓ 申告書の質が高まり、効率性も上がる

通常は、交際費の科目やそれ以外の科目に先ほどの区分が分かるような補助科目を設定する方法で、把握をします。

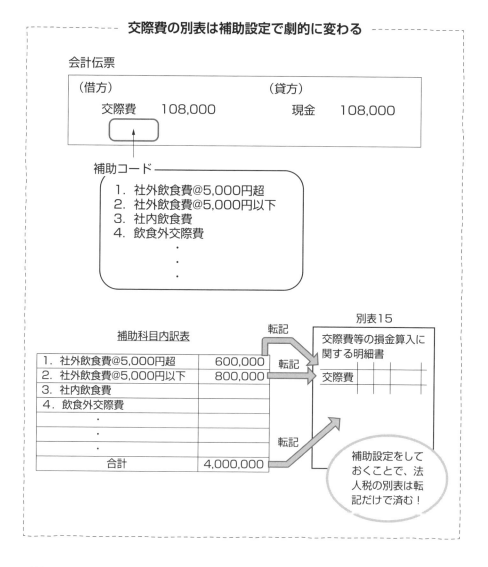

こうすることで、法人税申告書別表15の「交際費等の損金算入に関する明細書」の中で記載すべき次の項目を会計システムから出力される補助科目別残高一覧表の数値を転記すればよいということになるのです。

・科目別の支出額
・交際費等の額から控除される費用の額
・交際費等のうち接待飲食費の額

　逆に補助科目の設定をしていない場合は、総勘定元帳を分析して申告書に転記すべき数値を算出しなければなりません。
　まして、期中に一人当たり5,000円以下か5,000円超かの判定をしていない場合は、申告時に改めて作業を行わなければならず、間違った処理になってしまうこともあるでしょうし、決算作業に大幅な時間を割かなければならなくなるかもしれません。
　作業の質を高めたり、時間を平準化したりするためにも交際費に関する補助科目の設定を行うようにしましょう。

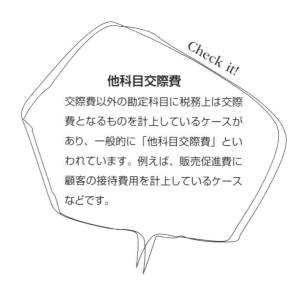

Check it!

他科目交際費
交際費以外の勘定科目に税務上は交際費となるものを計上しているケースがあり、一般的に「他科目交際費」といわれています。例えば、販売促進費に顧客の接待費用を計上しているケースなどです。

file. 28
外形標準課税は帳簿上で完成させる

> **標準化のコツ**
> 外形標準課税適用法人になったら補助科目を設定
> 人件費、家賃、利息の科目を転記できるように区分

✔ 別々の部門でとりまとめると弊害が生じる

　外形標準課税とは、資本金が一定水準を超える会社に適用される税で、法人事業税に関して、法人の所得以外に、資本金等や付加価値などを基準に税額を算定する課税方式のことです。

　外形標準課税が適用されると、法人税を算出するときに使う所得以外に課税ベースを算定する必要が出てきます。

　このうち、付加価値割という金額を算出するのが、非常に面倒です。

　付加価値割は、簡単にいうと次の算式で算出されます。

付加価値割＝報酬給与額＋純支払利子額＋純支払賃借料＋単年度損益

　地方税の別表として報酬給与額、純支払利子額、純支払賃借料に関する明細書を作成する必要がありますが、この数値をどのように効率的に算定するのかということが標準化の肝となります。

　会社によっては、賃借料に関しては、経理ではなく、総務部門が賃貸借契約を締結しているということで、地方税別表の純支払賃借料の資料を総務部でと

りまとめているケースもあります。

このような場合、経理部門としては、他の部が作業をしてくれるので楽ではありますが、会社全体で考えると、経理部門では賃借料に関する数値を会計データとして登録しているにも関わらず、別途、総務部門で発生した賃借料のデータを集計することになるので、作業が重複していることになり、無駄が発生しているといえます。

別の部門で数字を出している場合のもう一つの問題として、両者の数字が整合していない場合があることが挙げられます。

総務部門で算出した数値が、帳簿上で計上されている数値と整合しないケースというのは、実務上見かけます。

このように一度部門をまたいで仕事を始めてしまうと、仕事の仕方を変えるのは難しいですよね。経理部門の方でとりまとめた方がいいと思っても、業務負担が増えるので経理部門では受けたくないという心情が芽生えるのかもしれません。

✓ 経理部門でうまく数値をまとめることを考えよう！

それでも、効率化を考えると会計データをうまく使えないかと考えるべきでしょう。

賃借料に関していえば、損益計算書の賃借料科目と同額を転記すれば良いだけであれば簡単ですが、それほど簡単ではないのです。

貸主に払う賃借料は基本的に支払賃借料として付加価値割を構成することになりますが、賃借料のうち共益費部分は、外形標準課税の対象となる支払賃借料には含まれません。

そのため、賃借料の勘定科目を外形標準課税の対象となるものと、対象外となるものとに補助科目で区分しておくようにします。

そうすることで、file.27の交際費の時にお話ししたように申告書に転記すれば概ね申告書ができるようになるのです。

外形標準課税が適用される会社にも補助をフル活用

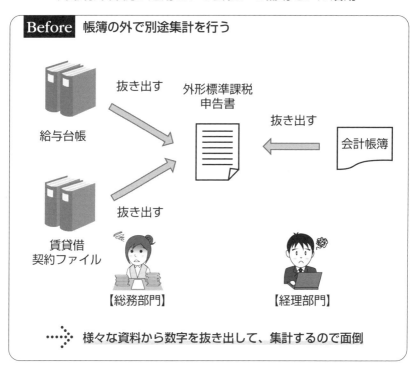

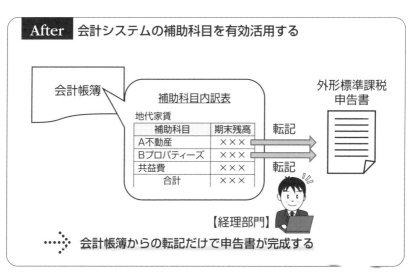

今回お話しした賃借料の他にも、報酬や利子に関しても同様の手続きを行うことで、品質向上と効率化の両立が可能となります。

Check it!

純支払利子
利子税や納期限延長の場合の利子税に相当する延滞金なども含まれますが、これらを抽出することを忘れないようにするためにも補助科目を別途設定しておくことが実務上のポイントです。

file. 29
消費税の複数税率への対応をする

> **標準化のコツ**
> 消費税は複数の税率が混在している
> 税率ごとに勘定科目を分けるとミスがなくなる

✓ 税率の多さが、経理を複雑化させる

　消費税導入から四半世紀が経過して、消費税の税額計算は複雑さを増しています。

　例えば、非課税売上割合が5％未満の場合であっても、課税期間の課税売上高が5億円超の会社は、仕入にかかる消費税を全額控除することができず、個別対応方式か一括比例配分方式で控除することになります。

　一般的には、個別対応方式で控除した方が、税金計算上は有利ですし、有利・不利の判定をするためにも、期中は個別対応方式で仕訳処理をしておく必要があります。

　そうすると、課税仕入にかかる消費税に関する消費税コードを次の3つに分けておく必要があります。

・課税売上対応仕入
・共通対応仕入
・非課税売上対応仕入

　この3つの区分について、各勘定科目の特性に合わせて勘定科目マスタでデフォルトの設定をしておきます。事前に設定しておくことで、ある勘定科目

を選択したら、正しい消費税コードが選ばれることになるのです。

　この3つの区分だけであれば良いのですが、税収確保のために消費税の税率が引き上げられていることで経理処理の複雑さが増しています。

　消費税の税率は5％から8％、そして8％から10％へと上がっていきます。
　また、軽減税率の導入も予定されており、同じ事業年度の取引の中に複数の税率の取引が混ざることになります。

✔ 税率ごとに科目を分けることも検討してみる

　例えば、支払リースの取引について、経過措置の適用がある取引であれば、5％が適用され、経過措置の適用がなければ8％が適用されます。
　このように同一年度で複数の消費税率の取引がある場合に有益なやり方として、税率ごとに勘定科目を分けるという方法があります。
　具体的には「支払リース料（5％）」と「支払リース料（8％）」という2つの科目を持つようにするのです。
　こうしておけば、リース会社から請求書が来た際に、どちらの税率となっているかを請求書から判別し、適用する税率の勘定科目で伝票入力すれば良いのです。
　もちろん、勘定科目マスタの設定で、「支払リース料（5％）」は消費税が5％、「支払リース料（8％）」は消費税が8％となるようにデフォルトで設定しておきます。

　もしも、ひとつの勘定科目で運用するとした場合、どのような処理が必要になるでしょうか。
　仮に、支払リース料の勘定科目マスタの消費税の税率は8％に設定したとしましょう。

税率が異なっても同一の科目で処理

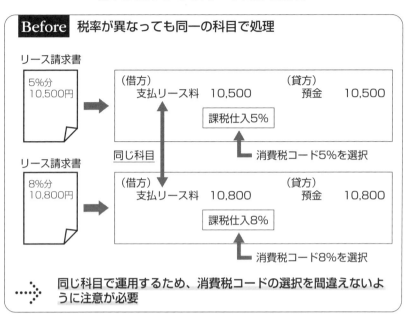

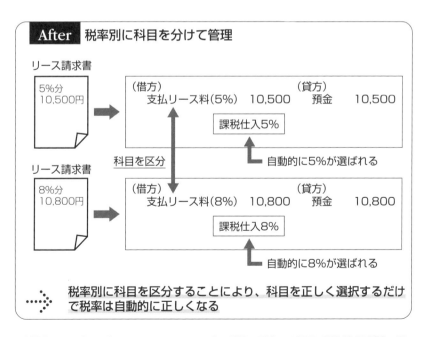

この場合に、経過措置の適用があるリース契約のリース料が発生した場合、伝票処理をする担当者は、支払リース料の勘定科目を選んだ後に、デフォルトで設定されている消費税率８％となっている消費税コードが、会計システム上自動的に選ばれてきていますので、消費税コードを５％のものに手動で変更する必要があります。

　気の利いた担当者であれば忘れずに処理をするでしょうが、機械的に処理をしてしまえば、ミスに気づかずに処理が進んでしまうでしょう。

　誰が作業をしても、このようなミスがなくなるようにするためにも複数の消費税率が発生する科目については、それぞれの税率ごとに科目を準備しておきます。

　前段でお話ししたように、個別対応方式を選択する前提に立つと課税仕入に関する消費税のコードは３つに区分され、これに５％と８％の区分が入ると６つの区分が生じることになります。

　ミスを極小化するためにも、勘定科目マスタをうまく使うことが重要となってきます。

Check it!

軽減税率

軽減税率の導入により、消費税コードの選択件数がかなり増加します。さらに、課税売上対応仕入、共通対応仕入、非課税売上対応仕入に区分すると、課税仕入だけで税率の種類に３を乗じた件数となります。

file. 30
アウトソーシングするという視点

> **標準化のコツ**
> 実践にあたって障害となることはないか
> 外部のリソースを使って改革をする方法も検討

✓ どうやって実践するのか

　今まで、どのようにしたら経理の標準化ができるのかということをお話ししてきました。具体的な手法をお伝えしたので、後は、実践あるのみです。
　ただ、いざ実践となるといくつかの障壁が出てくるものです。

・社内に抵抗勢力がいて改革が進まない
・変化を望まない社員が多い
・社員に強くいえない雰囲気が漂っている
・実際に実行に移せそうな能力のある社員が見当たらない

　ただでさえ忙しいのに、今のやり方を変えるのに時間は割けなかったり、実践しようとしても期待するスピードからほど遠く、改革に何年かかるか分からないといった会社もあると思います。
　このような場合、外部のリソースを使ってみるというのもひとつの方法です。外部のリソースの使い方としては、次のような方法が考えられます。

・標準化を推し進められそうな人材を採用する
・外部の専門家からコンサルティングを受ける
・経理業務をアウトソーサーに委託する

　それぞれ、一長一短ありますが、会社の置かれた環境の中で、ベストな選択をしてください。
　それでは、3つの方法について考えてみましょう。

✔ 標準化を推し進められそうな人材を採用する

　この方法の場合は、良い人材を採れれば、フルタイムで会社の業務改革に時間を割けるので、一番スピーディーに結果が出ると思われます。ただし、採用した人材が期待通りでなかった場合には、他の業務にあてることもできず、無駄なコストになってしまうかもしれません。
　また、採用した以上は、固定費となりますので、改革が終わった後の活用までも考えて採用をする必要があるでしょう。

✔ 外部の専門家からコンサルティングを受ける

　この方法の場合、一時的なコストで業務改革ができるという点で効率の良い方法といえるでしょう。
　特に多数の実績のある専門家からコンサルティングを受けることができれば、恐らく会社に最も適合するベストプラクティスを提案してくれるでしょうから費用対効果は高いと思われます。
　ただ、コンサルティングを受けても、最終的に実施するのは会社なので、受け入れる会社側が、コンサルティングで提案された内容を実践するという意志のもとに頼まなければ無駄になってしまう可能性もあります。

✔ 経理業務をアウトソーサーに委託する

　最後に、経理業務そのものを外部に委託するという考え方ですが、外部に出す業務がノンコア業務であると判断している会社であれば、これも有力な手段といえます。経理業務に特化したアウトソーサーであれば、経理の標準化を得意としているので、アウトソーシングを通じて標準化を実現できるので一石二鳥です。

　経理業務の品質とスピードを上げるという点では、優れた方法といえるでしょう。具体的にアウトソーシングが導入された事例としては次のような例が

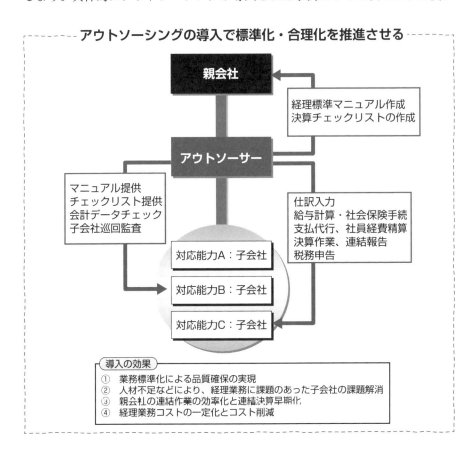

あります。

　多くのグループ会社を持っているある企業グループの例では、グループ会社の経理レベルを一定水準に保つために、まず親会社が主導して、グループの経理マニュアルやチェックリストを整えました。その上で、グループ会社の対応能力に応じて次のように管理体制に違いを持たせました。

　対応能力の高いＡグループに関しては、自社で完結をさせました。また、対応能力が中程度のＢグループに関しては、アウトソーサーにデータのチェックやマニュアルの整備を依頼しました。一方、対応能力の低いＣグループに関しては、全面的にアウトソーサーに業務を依頼して、効率化をはかりました。

　その結果、グループ全体で次のような効果が生まれました。

・業務標準化により経理担当者のレベルに左右されない品質確保を実現
・人材不足などにより、経理業務に課題のあった子会社の業務を一括委託して、専門家に任せることにより、親会社の負担を大幅に軽減
・子会社の決算の品質とスピードが改善、均一化されたことで、親会社の連結作業が効率化され、連結決算が早期化
・経理業務コストが一定になり、グループ全体のコスト削減にも貢献

　ただ、外部に経理業務を委託することに抵抗がある会社もあると思います。そのような会社の場合は、アウトソーシングすることのメリットとデメリットを比較検討して結果を出した方が良いでしょう。

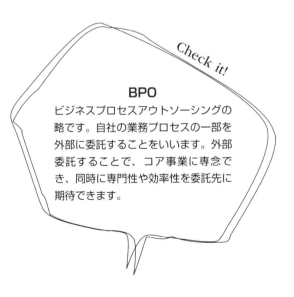

Check it!

BPO
ビジネスプロセスアウトソーシングの略です。自社の業務プロセスの一部を外部に委託することをいいます。外部委託することで、コア事業に専念でき、同時に専門性や効率性を委託先に期待できます。

[執筆者紹介]

中尾　篤史（なかお　あつし）

公認会計士・税理士。CSアカウンティング㈱専務取締役。

日本公認会計士協会　租税調査会　租税政策検討専門部会・専門委員。

著書に『BPOの導入で会社の経理は軽くて強くなる』、『たった3つの公式で「決算書」がスッキリわかる』、『対話式で気がついたら決算書が作れるようになる本』『経理・財務お仕事マニュアル』、『経理・財務スキル検定[FASS]テキスト&問題集』『節約法人税のしくみ』など多数。

[会社紹介]

CSアカウンティング株式会社

　国内最大級の会計・人事のアウトソーシング・コンサルティング会社であり、約200名の公認会計士・税理士・社会保険労務士などのプロフェッショナル・スタッフによって、上場企業や中堅企業を中心に会計・税務、人事・労務に関するアウトソーシング・コンサルティングサービスを提供している。

【東京本社】

　〒163-0630　東京都新宿区西新宿1-25-1　新宿センタービル30階

　電話：03-5908-3421

　FAX：03-5339-3178

　URL：http://www.cs-acctg.com/

著者との契約により検印省略

| 平成28年1月1日 | 初版第1刷発行 |
| 平成28年4月1日 | 初版第2刷発行 |

1,000社以上を見てきた経理BPO会社が教える
**正確な決算を早くラクに実現する
経理の技30**

著　　者	中　尾　篤　史
発 行 者	大　坪　嘉　春
製 版 所	美研プリンティング株式会社
印 刷 所	税経印刷株式会社
製 本 所	株式会社三森製本所

発 行 所　東京都新宿区
　　　　　下落合2丁目5番13号

株式会社　**税務経理協会**

郵便番号　161-0033　振替　00190-2-187408　電話　(03) 3953-3301 (編集部)
　　　　　FAX (03) 3565-3391　　　　　　　　　　　(03) 3953-3325 (営業部)
URL　http://www.zeikei.co.jp/
乱丁・落丁の場合はお取替えいたします。

Ⓒ　中尾篤史　2016　　　　　　　　　　　　　　　　　　Printed in Japan

本書の無断複写は著作権法上の例外を除き禁じられています。複写される場合は、そのつど事前に、㈳出版者著作権管理機構（電話03-3513-6969, FAX03-3513-6979, e-mail：info@jcopy.or.jp）の許諾を得てください。

JCOPY＜㈳出版者著作権管理機構 委託出版物＞

ISBN978－4－419－06294－1　C3034